Judith Jannberg
Gerlinde Adia Schilcher

Schützt unsere Seelen

**In Zusammenarbeit
mit Renate Luthwig**

EIGENVERLAG

RENATE LUTHWIG
REDERSTRASSE 9
A-4052 ANSFELDEN
TELEFON 0 72 29 / 88 10 15

Titelbild: Ute Felgendreher.
1. Auflage 1991

Satz und Druck: LANDESVERLAG Druckservice

ISBN 3-900853-01-0

INHALTSVERZEICHNIS

SAPERE AUDE – „Wage es, weise zu sein“
(Horaz)

Eben war Helge bei mir. Er wollte eine Geschichte hören. Ich hatte ihm als Weihnachtsgeschenk eine Schachtel voll einfacher, kindgemäßer Alltagssymbole geschenkt, wobei jedes Symbol für eine Geschichte stand, die ich ihm im Laufe der Zeit erzählen würde. Heute brachte er mir einen aus Pappe ausgeschnittenen Schlüssel. Die dazugehörige Geschichte „Der goldene Schlüssel“ hat mich immer schon fasziniert und paßte heute ganz besonders, da ich glaubte, knapp vorher einen (meinen) langgesuchten Schlüssel wiedergefunden zu haben. Da diese Geschichte kurz ist, will ich sie hier auch vollständig wiedergeben:

Der goldene Schlüssel

Zur Winterszeit, als einmal ein tiefer Schnee lag, mußte ein armer Junge hinausgehen und Holz auf einem Schlitten holen. Wie er es nun zusammengesucht und aufgeladen hatte, wollte er, weil er so erfroren war, noch nicht nach Hause gehen, sondern sich erst ein Feuer anmachen und ein bißchen wärmen. Da scharrte er den Schnee weg, und wie er so den Erdboden aufräumte, fand er einen goldenen Schlüssel. Nun glaubte er, wo der Schlüssel wäre, müßte auch das Schloß dazu sein, grub weiter und fand ein eisernes Kästchen. Ei, dachte er, wenn der Schlüssel nur paßt; denn es waren gewiß wunderbare und köstliche Sachen darin. Er suchte, aber es war kein Schlüsselloch da. Endlich fand er doch noch ein ganz kleines und probierte, und der Schlüssel paßte gerad'. Da drehte er ihn einmal herum, und nun müssen wir warten, bis er vollends aufgeschlossen hat, dann werden wir sehen, was darin liegt. (Aufgelesen von Grimm)

ICH WILL LEBEN!

Immer häufiger und an Intensität zunehmend erlebe ich die Bedrohungen, die von allen Seiten und aus allen Bereichen als Attacken auf mich zukommen. Nicht nur ich fühle mich (an Geist und Seele) attackiert, die Erfahrungen meiner Freundinnen decken sich mit meinen, und die Berichte und Meldungen, die mir mündlich und schriftlich von überall her zukommen, bestätigen mir, daß sich die Störungen und Zerstörungen nicht nur auf die bekannten Symptome der äußeren Natur – Umwelt genannt – beschränken. Unser Geist und unsere Seelen sind in Gefahr!
In der üblichen materialistischen Manier werden nur die meßbaren, wägbaren, greifbaren und sichtbaren Erkennungszeichen der Zerstörung erwähnt und mit Schlagworten benannt: Klimaveränderungen, Treibhauseffekt, Ozonloch, Radioaktivität, Baumsterben, Artenschwund, Krieg an allen Ecken und Enden der Erde, Bevölkerungsexplosion, Erschöpfung der Ressourcen, Zunahme und das Wiederauftreten seuchenartiger Krankheiten ... Der dem äußeren Geschehen zugrundeliegende Seele-Geist-Bereich und die unsichtbaren Entsprechungen im Jenseitsbereich werden verschwiegen oder, wenn schon erwähnt, als vom äußeren Geschehen isoliert betrachtet. Ich sage es frei heraus: Es „geistert" – und zwar auf unangenehme Weise.
Obwohl ich glaube, alles zu tun, was in meinen Kräften steht, um mich zu schützen; obwohl ich seit nun elf Jahren von innen heraus am Lernen bin und sich mein Lernziel auf meine seelisch-geistige Entwicklung konzentriert; obwohl ich alles unterlasse, was mich vielleicht von meinem Weg und meinem Ziel ablenkt, erlebte ich in den letzten Jahren Störungen, die nicht von den mir schon bekannten Umständen und nicht durch sichtbare Faktoren verursacht wurden. Die Symptome: Unruhezustände, Schlaflosigkeit, Konzentrationsstörungen,

Müdigkeit und Kraftlosigkeit, die punktuell in totale Erschöpfungszustände mündeten. Schwermuts-, ja sogar Resignationsanfälle, Rückfälle jeglicher Art . . . — überhaupt „Fälle" — waren die Folge. So registrierte ich z. B. seltsame Einfälle: plötzlich einschießende Gedanken, die mir eigentlich fremd sind und die sich bei genauerer Betrachtung als feindliche Eingebungen herausstellten . . . Gefahren! Was ist in mich gefahren?
Was um Himmels willen mache ich nur falsch? Ich weiß, daß alles, was mir geschieht, kein beiläufiger blinder Zufall, sondern — nach dem Naturgesetz der Resonanz — kosmischer Zu-Fall, also Antwort auf mich selbst ist. Ich bin selbst für mich verantwortlich. Wie und wodurch ziehe ich die unsichtbaren, unhörbaren, geruchlosen und so unbegreiflich scheinenden Bedrohungen heran, die ich deutlich als Angriffe auf meine ganzheitliche Integrität empfinde? Ich fühle mich angegriffen. Doch — was sind meine Angriffsflächen?
Irgend etwas Schlimmes in mir fügt sich mit irgend etwas Schlimmem außerhalb von mir und beginnt, sich zu einer zerstörungswütigen Epidemie in mir auszubreiten. Diesem meinem Übel muß ich auf die Spur kommen. Ebenso muß ich das von außen kommende Übel, das sich an meines koppelt, erkennen und an der Wurzel packen. Ich muß wissen, was ich falsch mache. Was versäume ich? Welches Gesetz steht hinter diesen seelengefährdenden Vorgängen? Ich muß es herausfinden, muß es kennen. Ich muß mich aus-kennen. Ich brauche Klarheit, um mich in der Vielschichtigkeit und Vielgestaltigkeit der Eindrücke zurechtzufinden. Was ist Ursache, was ist Wirkung? Was haben mir die schmerzlichen Erlebnisse zu sagen? Was ist Inhalt, was Aufforderung, was der Auftrag?
Mein starker Selbsterhaltungstrieb und mein unerschütterlicher Glaube an eine unbedingte Gerechtigkeit (eine Gerechtigkeit, die mit der patriarchalen zivilisatorischen Jurisprudenz nichts zu tun hat) erlauben es mir nicht, mich fatalistisch in „mein Geschick" zu fügen. Starke Lebensimpulse treiben mich an, jetzt nur ja nicht die

Augen zu verschließen und „gottergeben" die unheimlichen Geschehnisse hinzunehmen.
„Rette sich wer kann!" „Hinter und vor mir die Sintflut!" — Die heiligen Urelemente sind verseucht. Verdreckte Gewässer — verdreckte Seelen. Vergiftete Luft — vergiftete Gedanken und Worte. Verseuchte, ihrer Rohstoffe beraubte Erde — kraftlose, in Krankheit verhaftete Leiber. Verunreinigtes Licht/Feuer — verunreinigter Geist.
Ich weiß: Ich kann die Welt nicht ändern — niemanden kann ich ändern. Meine Macht reicht nicht, die weltweiten katastrophalen Zustände abzustellen. Ebensowenig kann ich die Zusammenbrüche der Menschen verhindern; nicht jener, die ich liebe, weil sie mir nahe sind, geschweige denn jener, mit denen ich nicht in Berührung bin. Mir ist klar! — ändern kann ich nur mich! Ändern muß sich aus „freien Stücken" jeder selbst.
Pfeifen es nicht schon die Spatzen vom Dach? — Alle Zeichen weisen darauf hin, daß wir uns dem Ende dieses Weltzeitalters nähern. Wer die Entwicklung mit einem wachen Bewußtsein verfolgt, weiß, daß der Prozeß der sukzessiven Zerstörung nicht aufhaltbar und nicht umkehrbar ist; daß die Schäden an der Erde nicht mehr reparierbar sind und daß nach dem Gesetz der Beschleunigung ihr endgültiger Kollaps immer näherrückt. Doch wie gesagt: Ich kann den bevorstehenden Tod im Zyklus von Tod und Wiedergeburt der Erde nicht beeinflussen. Ich kann die Welt nicht retten — aber mich!
In meinem inneren Ahnungsbereich kocht, dampft, vibriert und pulsiert eine glühend heiße Ursuppe, die nach Ausdruck verlangt. Das diffuse Gebrodel will Form und Gestalt annehmen. Mein Weg, das fruchtbare Chaos gedanklich zu ordnen und ordnungsgemäß auszudrücken, ist Sprache. Ich brauche Ordnung — ich will in Ordnung sein. Und wie bringe ich Ordnung in meinen diffusen Ahnungs- und Gedankenbereich? Indem ich mir Zugang zu meinen Urinnerungen schaffe (dazu brauche ich Ruhe, viel Ruhe). Indem ich alles auflese und sammle, was mir zum aktuellen Thema einfällt und zufällt. Indem

ich mich mit meinen Freundinnen austausche. Indem ich das Eingesammelte sortiere (das Unbrauchbare vom Brauchbaren unterscheide, das Unbrauchbare ausscheide und schließlich das Brauchbare in ein übersichtliches Beziehungsgefüge bringe).
Die offiziellen Lehren verkennen, unterdrücken und leugnen den unsichtbaren inneren Bereich des Raumes bzw. verneinen ihn, indem sie ihm ein negatives (verneinendes) Vorzeichen geben. Sie lassen daher auch die Analogieschlüsse vom äußeren Sichtbaren auf das innere Unsichtbare nicht zu. Wer, so wie ich, den tieferen Sinn einer Sache begreifen will und seine eigene Weisheit nicht ganz verschüttet hat, wird trotzdem erkennen: Innen und Außen sind Entsprechungen. Er wird anerkennen, daß VOR dem äußeren Geschehen (dem Sichtbaren) das innere Geschehen steht, da Materielles die natürliche Folge eines unsichtbaren, nicht-materiellen Geschehens ist.
Inner-halb und außer-halb sind die zwei zusammengehörigen Hälften, die sich zu einem Ganzen fügen. Rückschließend vom Bekannten aufs Unbekannte können *natur*wissenschaftliche Forschungsergebnisse sehr nützlich sein, weil sie imstande sind, das unbekannte, nicht erforschte innere Wesen einer Sache besser zu verstehen und zu bestätigen.
Vom Anfang an war mir klar, daß ich diese Arbeit für mich mache. Ich kann mich nicht mit diffusen Ahnungen abspeisen — ich brauche Gewißheit, die Hand und Fuß, Bauch und Kopf hat. Ich brauche Klarheit, damit ich die Zusammenhänge begreife und danach dementsprechend handeln kann. Kein theoretischer oder moralischer Anspruch, kein kategorischer Imperativ oder irgendein Gebot — lediglich mein leidenschaftlicher Wunsch, meine Entwicklung von dem Stand aus fortzusetzen, auf dem ich mich gerade befinde, ist mein Motiv.
Der Not gehorchend und aus dem Mut der Verzweiflung nehme ich die Anstrengung und die immer wieder auftauchende Angst auf mich, dieses Buch zu schreiben. Bitte

betrachtet es als Mitteilung. Ich teile hiermit mit, was der Weg und das vorläufige Ergebnis meines systematischen Suchens, Forschens und Ordnens ist. Falls euch das eine oder andere innerlich berührt, rührt euch. Falls euch das, was ich für mich herausgefunden habe, entspricht, dann sprecht, denn ihr müßt wissen, daß das Berührte und Angesprochene ohnehin euer Eigen ist. — Für den Fall, daß ihr mit dem einen oder anderen meiner Erzählung etwas anfangen könnt, bitte dann fangt an. „Fangt an, fangt euer Tagwerk fröhlich an, dann wird's gar bald sein wohl getan!"

ANALOGIE

„Der sogenannte Aberglaube ist häufig auch ein Sammelboden von Gedankengängen, die im volkstümlichen Bereich weiterleben, ‚offiziell' von der Wissenschaft jedoch ad acta gelegt werden, etwa das Denken in Entsprechungen anstelle von Kausalverbindungen empirisch nicht nachweisbarer Kräfte; . . . eine animistische[1] Weltsicht."

Ehe ich beginne, laßt mich bitte den Begriff „Analogie" genau erklären, denn auf Analogie stütze ich meine Einsichten und Erklärungen. Es gibt einen alten Text, der die Tatsache und die Art der menschenmöglichen magischen Zusammenschau und des Zusammendenkens – Analogie genannt – beschreibt. Er wurde angeblich in der Cheopspyramide gefunden. Offensichtlich hat ihn sich ein gewisser Hermes Trismegistos „unter den Nagel gerissen", denn dieser Herr behauptet, der Erfinder zu sein. Der Text lautet in Übersetzung etwa so: „Wahr ist es, ohne Lüge und sicher: Was oben ist, ist gleich dem, was unten ist, und was unten ist, ist gleich dem, was oben ist – fähig, die Wunder des Einen auszuführen. Und wie alles aus einem stammt, durch das Denken des Einen, rührt auch alles Gewordene durch Angleichung aus diesem Einen. Die Sonne ist sein Vater, der Mond seine Mutter. Der Wind hat es in seinem Leib getragen, die Erde ist seine Nährmutter. Ohne Grenzen sind seine Kraft".

Setze ich Sonne mit Feuer/Geisteskraft gleich und Mond mit Wasser/Seelenkraft, Wind mit Denkkraft und Erde mit physischer Kraft, dann wird klar, daß mit dem „Wunder des Einen" die einigende Kraft der Ur-Elemente gemeint und die entsprechende Wahrnehmungsart „Analogie" ist. Der weitere Text, den ich dem Handbuch der magischen Künste entnommen habe, ist Aufforderung zum Teile und

---

[1] Die animistische Weltsicht schreibt auch den Pflanzen und Tieren eine Seele zu; „Glaube an die Beseeltheit der Natur"

Herrsche und eine Beschreibung des patriarchalen Mißbrauchs der Elemente. „Trenne die Erde vom Feuer, das Feine vom Groben, so wirst du den Ruhm der ganzen Welt erlangen." Entsprechend wurde das allumfassende Wort Ana-Logie auf Logos verkürzt. Ana „auf, hinauf; entsprechend, gemäß" wurde gestrichen, dem ursprünglichen, spiraligen, alles Wesensgleiche verknüpfenden wurde die lineare Logik entgegengesetzt, welche fortan als einzig richtige Denkart die Geistes- und Naturwissenschaften beherrschte.
Analogie von griech. analogos „der Vernunft gemäß, entsprechend" ist keine Spielart der heute üblichen und gebräuchlichen Logik. Analogie ist die eigentliche, ursprüngliche und ganzheitliche Ge-Wissens-, Ge-Fühls-, Denk- und Handlungsweise. Analogie ist die den ursprünglichen Menschen dieses unseres Weltzeitalters zu eigene Anlage-Fähigkeit, das Große und Ganze — das ohne Unterbrechung in sich Zusammenhängende — mit allen Sinnen zu begreifen und entsprechend zu handeln. Immerhin heißt diese unsere Wurzelrasse Homo sapiens.[1]

Die Vorsilbe „ana" mit der Bedeutung „auf, hinauf; gemäß, entsprechend" beschreibt eine Bewegung, die sowohl die Senkrechte, also die Höher-Entwicklung, als auch die Waagerechte, die folgerichtige Ursache und Wirkung betreffende Denkrichtung, in sich einigt. Das Symbol ist das gleicharmige Kreuz im Kreis. Diese die scheinbar unversöhnlichen Gegensätze einigende Wahrnehmungs- und Erkennensart heißt zu deutsch Vernunft. „Vernunft heißt die geistige Tätigkeit des Menschen, insofern sie nicht nur, wie der Verstand, auf ursächliche, diskursive Erkenntnis, sondern auf den universellen Zusammenhang der Dinge und allen Geschehens und auf zweckvolle Betätigung innerhalb dieses Zusammenhangs gerichtet ist." Vernunft ist der übergeordnete Begriff für

---

[1] lat. sapiens = „vernünftig, einsichtig, klug, weise, verständig"

Identität — ist die Deckungsgleichheit, die völlige Übereinstimmung von Geist (dem die Ahnung und das Gewissen entspringt), Seele (deren Intelligenz in Bildern, Symbolen und per unmittelbarer Anschauung spricht), Verstand/Logik/Intellekt/Ratio (die Fähigkeit des Hirns, durch Begriffe zu denken und zu reden) und dem Körper mit seinen Tätigkeiten und seiner Körper- und Organsprache.

Ein Mensch besitzt Identität, er ist identisch, wenn Geist, Seele, Verstand und Körper in Übereinstimmung, also eins sind.
Wir alle sind Töchter und Söhne der vier Urelemente — der vier Urgöttinnen —, denn wir bestehen aus deren Energie: Geist ist Göttin Lucia; Seele ist Göttin Tiamat; Verstand ist Göttin Hera und Leib ist Göttin Diana. Erst das harmonische Zusammenwirken aller Energien bringt zur Vernunft und läßt eine Person ganzheitlich gedeihen. Eben fällt mir eine Geschichte ein: Einige Menschen nähern sich im Dunkeln einem Elefanten, der nicht als solcher zu erkennen ist. Jeder begreift den Elefanten an einem anderen Körperteil. Auf die Frage, was sie nun begriffen hätten, antwortete der eine, der das Bein des Elefanten erfaßt hatte: „Das Ding ist eine Säule." Jener, der den Schwanz berührte, meinte, es sei ein Seil. Ein anderer, der den Elefanten am Ohr packte, erklärte, es sei eine Muschel. Und so weiter . . . Jeder der im Dunkeln tappenden Erkenntnissucher begriff nur einen Teil und hielt diesen Teil für das Ganze.

Mit dem Begriff „Logos" bzw. den entsprechenden Worten „Vernunft" oder „Identität" passierte dasselbe: Diejenigen, die sich, im Dunkeln tappend, den Begriffen näherten, waren Schriftgelehrte: Je nachdem, wes Geistes Kind sie waren und welcher verinnerlichten Ideologie sie sich bedienten, kamen sie zu folgendem Definitionsmischmasch, der im Lexikon als einzig gültige Wahrheit wie folgt wiedergegeben wird (ich zitiere):

„Logos, griech. logos – ‚Wort, Rede, Vernunft, Berechnung'" –
1) Wort
1.1) Substantiv, Subjekt
2) Gedanke, Sinn, Begriff
2.1) logisches Subjekt
3) (Stoiker, Heraklit) Gesetzmäßigkeit des Alls, göttliche Vernunft
4) (Neuplatonismus, Gnosis) vernünftige Kraft Gottes als Schöpferkraft
5) (Christentum) menschgewordenes Wort Gottes, Jesus
6) Bei dem Juden Philon der erstgeborene Sohn Gottes, der andere Gott, der Mittler zwischen Gott und Mensch."

Es ist hier nicht wiederzugeben, mit welch philosophischen Spitzfindigkeiten an den Begriffen „Logos", „Vernunft" und „Erkenntnis" herum„vernünftelt" wurde. Immerhin ist seit dem Putsch des Mannes die matriarchale Weisheit, die aus der Liebe kommt, verlorengegangen und daraus eine fragwürdige, weil unsinnlich-theoretische „Liebe zur Weisheit" geworden. Seitdem ist der Begriff „Vernunft" DAS „philosophische Grundproblem", mit dem sich alle patriarchalen Philosophen herumschlugen und an dem ihre etwaigen Philosophenschulen herumdeutelten. Und dies ist so bis zum heutigen Tag.

ANGSTSTROM

„Kannst dem Schicksal widerstehen,
Aber manchmal gibt es Schläge;
Will's nicht aus dem Wege gehen,
Ei! so geh du aus dem Wege!
(Goethe)

Jänner 1991

Die Feiertage sind vorbei . . . die Gäste aus dem Haus. Ich muß mich unbedingt wieder sammeln, möchte meine Alltagsgewohnheiten wieder aufnehmen, zu denen neben der Arbeit im Haus, im Stall und am Schreibtisch auch meine regelmäßigen Andachtsübungen — eine Kombination von Körper-Atem-Stille-Übungen — gehören, und ich merke, daß mir die Konzentration schwerer fällt denn je. Eine ungute Spannung liegt in der Luft, zerrt an meinen Nerven und macht mich fahrig und konfus. Zwar herrscht in meinem Tal frostige Stille — nicht einmal der Bach ist zu hören, er ist teilweise zugefroren —, doch die äußerliche Ruhe steht in krassem Widerspruch zu diesen unheimlichen, nur durch innere Ahnungsorgane wahrnehmbaren, hitzigen atmosphärischen Turbulenzen. Da braut sich was zusammen! Mir ist, als ob unzählige Irrlichter um mich tanzten, als ob elektrische Wirbel nach mir griffen und mich in ihren Sog zu ziehen drohten. Mein Atem zittert, die Muskeln vibrieren. Dicke Luft! Dies, obwohl die Sonne scheint. Gefahr im Anzug?! Ich bin unfähig, eine Sache ganz zu tun oder ganz zu lassen. Stattdessen bin ich hin- und hergerissen zwischen meiner Pflicht mir selbst gegenüber (Ruhe, Besinnung, Kräfte sammeln) und dem, was ich fälschlicherweise für meine Pflicht halte (am laufenden sein, was die politischen Ereignisse betrifft: Man kann nie wissen? Man muß informiert sein?). Die Folge: Halbherzigkeit, Unschlüssigkeit, Konfusion. Obwohl ich nun endlich wieder ganz allein bin und nichts und niemand da ist, das und der meine Aufmerksamkeit auf sich zieht und mich von meiner Sehnsucht nach Ruhe ablenkt, bin ich gereizt. Mein Körper bebt. Meine Seele flattert.

Ich habe eine schwere Nacht hinter mir. Eine dieser unruhigen, kraftzehrenden Nächte. O ja, die kenne ich. Ich kenne sie aus der Zeit, in der mich meine Offenheit zu jenen Personen, die ich heute „falsche Schwestern und Brüder“ nenne („falsch“ deshalb, weil sie mich durch ihre Unehrlichkeit getäuscht haben), gefährdete und mir unruhigen Schlaf, ja gefährliche Erschöpfungszustände bescherte. Ich bin so unsagbar müde, schleppe mich durch den Tag, habe Angst vor der Nacht. In nächster Nähe ballt sich eine „Finsterwolke“ (so nenne ich diesen mir bekannten Strudel geballter, schlechter Energie). Das kenne ich schon. Nur das nicht! Ich weiß: Wenn mich schlagartig Schwermut überfällt und ich danach alles nur mehr „Grau in Grau“ sehe, dann hat sie mich erwischt. Der folgende Tiefdruck, der mich unter mein normales Stimmungsniveau sinken läßt — allgemein Depression genannt —, kann lange dauern. Er wird mich nachhaltig verwirren und mich anhaltend lähmen. In den vergangenen Jahren habe ich diesen unheimlichen Prozeß mehrmals und in gesteigerter Form erlebt. So wach wie diesmal habe ich ihn noch nie wahrgenommen. Auch war ich noch nie imstande, das unheimliche Geschehen sofort zu reflektieren. Am liebsten würde ich mich ins Bett legen und die Decke über den Kopf ziehen. Doch das wäre grundverkehrt. Deshalb: Nur keine Angst!!!

Zwei Tage später: Die Selbstberuhigung hilft nicht — das unsichtbare Ziehen, Zerren und Reißen hat sich verstärkt. Die Unruhe ist fast nicht mehr auszuhalten. Nur nicht klein beigeben! Stärke bewahren! Stärke „bewahren“? Aber — ich fühle mich schon seit Tagen schwach, kleinkindhaft hilflos, ohnmächtig und auf seltsame Weise dumm. Mein sonst oft kugelförmig ausgedehntes Bewußtsein, das mich das Kontinuum — das fließende Große und Ganze — erkennen läßt, so daß ich Über-Sicht, Durch-Blick, Rück-Sicht, Nach-Sicht habe und, mit Vor-Sicht gefaßt, die Ab-Sichten durchschaue, hat sich unversehens zu einem kleinen Spalt verengt.

Wie gebannt und trotz besseren Wissens starre ich nur auf diesen winzigen Abschnitt des Zeitgeschehens. Im selben Ausmaß, wie sich mein Blick verengt hat, ist auch mein Handlungsspielraum eng geworden. Dieser gegenwärtige Ausblick ist und macht trostlos: Krieg, der sich zum Weltkrieg ausweiten könnte, drohende Giftgas- und Atomangriffe, Umweltkatastrophen und all das, was damit an Angst, Entsetzen, zunehmender Hoffnungslosigkeit und Resignation einhergeht. Ist es schon so weit? Ist das schon das Ende? „Es hat doch alles keinen Sinn mehr!" Ich bin erschrocken. Ein mir sonst fremder Gedanke hat sich unbemerkt eingeschlichen und dirigiert meine Reaktion: Vogel-Strauß-Politik; Kopf in den Sand. Nichts hören, sehen, spüren und wissen.

Meine Aufmerksamkeit ist an das Kriegsgeschehen am Golf gefesselt. An eine Weiterarbeit am Buch ist gar nicht mehr zu denken. Ich habe vergessen, was ich erzählen wollte, mir fällt nichts Sinnvolles mehr ein. Stelle ich mich dumm, oder werde ich tatsächlich langsam dumm? Ich bin an Leib und Seele verkrampft. Der Lähmungszustand kommt mir bekannt vor. Habe ich denn aus der Zeit um den Reaktorunfall von Tschernobyl nichts gelernt? Wozu habe ich meine Erlebnisse und Erfahrungsextrakte in „Radio — Aktiv" aufgeschrieben, wenn mir beim zweiten „Schuß vor den Bug" dasselbe widerfährt? Was ist nur los mit mir? Ich bin offensichtlich angesteckt. Wenn ich sage „angesteckt", dann meine ich das wirklich so, wie man ein Gerät an ein Stromnetz ansteckt. Tatsächlich fühle ich mich wie unter Strom. Wurde ich etwa angesteckt durch die per Funk ins Haus übermittelten Schreckens-Nachrichten? Das kann nicht sein! Diesmal habe ich von vornherein die Medienberichterstattung mit dem zu Gebote stehenden distanzierten Interesse und mit Vorsicht genossen. Bei dieser Art von Ansteckung scheint es sich um unsichtbare Massenmedien zu handeln. Der körperlose SATAN (Abkürzung für Satelliten-Antennen) scheint am Werk zu sein. Auch dieser sendet per Funk seine Nach-

richten. Wer funkt mir dazwischen? Wie und wodurch habe ich empfangen?
Offensichtlich ist, daß ich angesteckt und vom gewaltigen Angststrom, der von den Menschenmassen ausgeht, ein Stücklang mitgenommen worden bin. Deshalb fühle ich mich so mitgenommen! Ich habe meine eigenen (Gedanken-)Kreise verlassen und verkehre in schlechten Kreisen. (Alle Kräfte wirken in Kreisen. Die guten und die bösen. Sagte da einer, der sich vom Weltgeschehen nicht aus der Ruhe bringen lassen wollte: „Stör' nicht meine Kreise.") Ich bin — genauer, mein Geist ist — vorübergehend in schlechten Kreisen verkehrt. Das war verkehrt! Also: Zurück in meine Kreise! Zurück zu meiner zuversichtlichen Gelassenheit, zurück zur Gefaßtheit, zurück zu meinem Vorhaben, in Ruhe zu gehen, mich zu sammeln und meine Erfahrungen und das daraus folgende Wissen Punkt für Punkt zur Sprache zu bringen.

Ich glaube heute nicht mehr, daß ich derartigen Anfällen hilflos und ohnmächtig ausgeliefert sein muß. Mittlerweile weiß ich, daß ich von (Krankheits-)Erregern aller Art nur dann befallen werden kann, wenn ich dafür anfällig bin. Irgendwas muß ich falsch gemacht haben. Dies gilt es herauszufinden. Ich setze mich in meine Kuschelecke und rufe mir meine bewährte Problemlösungsstrategie bei akuter Bedrohung in Erinnerung:
1) Alle Wahrnehmungen auf den Prozeß der laufenden inneren Ereignisse richten, alle Zeichen möglichst genau orten und benennen.
2) Die äußeren Ereignisse und Zeichen mit Hilfe meiner Erfahrungen und meines Wissens deuten. Spekulationen zulassen. (Wann immer ich in den letzten Jahren spekulierte, das heißt, meinen vorerst absurd anmutenden Ahnungen getraut habe — in allen Fällen hat das Ausmaß der tatsächlichen Wahrheit, wie sie sich später herausstellte, meine Spekulationen bei weitem übertroffen. Deshalb habe ich mir angewöhnt, im Zweifel meinen eigenen Ahnungen und Erb-Informationen mehr zu

trauen als den rationalen Erklärungen, die mir von anderen und von außen angeboten werden.)
3) Die Erlebnisse meinen vertrauten Freundinnen erzählen und deren Erfahrungen und Kenntnisse einholen. (Meist stellt sich heraus, daß meine Erlebnisse keine Einzelerscheinungen sind. Ähnliche erleben ähnliches. Allerdings schweigen sie sich darüber aus, weil auch sie sich für einen Einzelfall halten.)
4) Analogie herstellen: Indem ich leicht zugängliche, gleichlautende Forschungsergebnisse aus der Naturwissenschaft zur Erklärung heranziehe, komme ich dem dahinterliegenden Naturgesetz auf die Spur, und es klärt sich das auf der Seelenebene unerklärlich Scheinende.
5) Den Feind entlarven. Indem ich ihn beim richtigen Namen nenne, d. h. ihn identifiziere, kann ich ihm angemessen begegnen bzw. ihm rechtzeitig ausweichen.
6) Durch Gewissenserforschung herausfinden, was mein (oft unbewußter) Beitrag am Mißbefinden ist. („Womit habe ich das verdient?")
7) Seelisch-geistige Reinigung: d. h.: meine Fehler und Schwachpunkte benennen; die guten Vorsätze für die Korrektur festmachen.
8) Schutz mobilisieren, indem ich die freien, guten Kräfte für mich nütze und meine himmlischen Verbündeten — allen voran meine Seelenmutter — um Hilfe, Schutz und Beistand bitte, meine Abwehrkräfte zu stärken.
Das ist meine Art und Weise, mit akuter Not umzugehen. Eine erprobte und für gut befundene Art.

ULTIMATUM

> Mephisto, der das Licht nicht liebt:
> „Ich bin ein Teil von jener Kraft,
> die stets das Böse will und
> stets das Gute schafft."
>
> (Goethe)

Am 15. 1. 1991, an einem Urfreitag, lief das Ultimatum ab. Pünktlich zur Zeit der kosmologischen Lichtmeß, in der Nacht vom 17. 1. auf den 18. 1., brach der Krieg aus. Mit der Bezeichnung „Urfreitag" ist der vorletzte Tag vor jedem Mondwechsel überliefert. Eigentlich müßte diese für das Seelengeschehen äußerst heikle Zeit „Urfrei-Nacht" heißen. „In alter Zeit bezeichnete das Wort ‚Nacht' nicht nur den Zeitraum zwischen Sonnenuntergang und Sonnenaufgang, sondern auch den Zeitraum zwischen Sonnenuntergang und Sonnenuntergang, also die Zeitspanne von 24 Stunden. Der Gesamt‚tag' begann dementsprechend mit dem Sonnenuntergang, daher bedeutete das Wort ‚Nacht' früher auch ‚Vorabend'. Man rechnete — so auch noch in germanischer Zeit — nach Nächten statt nach Tagen, was sprachlich noch im englischen fortnight ‚vierzehn Tage' zum Ausdruck kommt", lese ich im etymologischen Wörterbuch.

Wenn man bedenkt, daß „frei" (von idg. prai-) eigentlich „schützen, schonen; gern haben, lieben" heißt, dann ist zumindest von der Sprache her bestätigt, was ganz alte Leute in zivilisationsfernen Gebieten noch unbewußt einhalten: Vor jedem Mondwechsel ist besondere Vorsicht geboten. Vielerorts wurde in diesem Zeitraum gefastet, um sich zu schonen und Kraft für das Wesentliche zu sammeln. Zwei Nächte vor jedem Mondwechsel bereitet sich atmosphärisch vor, braut sich das zusammen, was erst bei vollzogenem Mondwechsel zutage tritt. Bei Neumond zieht die Schwerkraft des Seelenplaneten Mond

alles Feuchte an sich. So wie sich das Wasser des Meeres in Form der Ebbe in Richtung Tiefe zurückzieht, so wie sich das Mondblut aus der Gebärmutter löst und sich früher Frauen zu Neumond in sich zurückgezogen haben und unsereins das heute wieder tut, um Probleme zu lösen, so werden auch individuelle und kollektive Seeleninhalte locker, lose. Was ist los? Die Seeleninhalte!
Ultimatum[1] bezeichnet den tiefsten, innersten, jenseitsgelegenen Punkt eines Geschehens, ab dem es wieder nach außen oder oben geht. Vergleichbar ist das Gewicht einer Pendeluhr, das, nachdem es in fließender Bewegung den Tiefpunkt erreicht hat, wieder nach oben zu steigen beginnt. Der Vergleich der Pendeluhr mit den Fließbewegungen, die Mond bestimmt, hinkt in einem Punkt: Seelische Fließbewegungen an sich und somit auch der seelische Tiefpunkt liegen im verborgenen. Somit ist die Gewichtigkeit dieses inneren Wechsels ebenfalls verborgen. Fest steht, daß jeder Wechsel – jede Ent-Scheidung – im verborgenen Inneren getroffen wird und das Ergebnis erst mit vollzogenem sichtbarem Mondwechsel zutage tritt.

So ist es kein blinder, beiläufiger Zufall (blind sind nur die Menschen geworden), sondern ein kosmologischer Zu-Fall, daß der Kriegs-Fall, der sich bis zum „am weitesten jenseits gelegenen" Punkt (= Ultimatum) zwei Tage vorher zugespitzt hatte, genau zu Neumond eintrat: dem tiefsten Punkt des Monats, und zu Lichtmeß, dem tiefsten Punkt des Jahres.
„Altes stirbt und Neues wird" – was sich in den Seelen löst, also „stirbt", und was wird, hängt von der Qualität bzw. der Entscheidung der Menschen ab. Ich bin mir sicher, daß der Krieg, dessen unsichtbare, atmosphärische Zuspitzung ich so schmerzlich wahrgenommen hatte, das gesetzmäßige Ergebnis des unheilvollen, inter-

---

[1] von lat. ultimo = „Monatsende" – eigentlich Mondende, und lat. ultimus = „das am weitesten jenseits Gelegene"

universellen Zusammenspiels der nekrophilen[1] Partner ist. Die interuniverselle Biophilie[2] hatte auch diesmal keine Chance.
Ich wähle mit nüchternem Bedacht den von Erich Fromm eingeführten Begriff „Nekrophilie", wortwörtlich „Leichenliebhaber, Leichenfreund", für das interuniverselle Machtbündnis aller Todessüchtler und lebensverächterischer Todestriebler, um möglichst sachlich zu bleiben. Ebensogut könnte ich sie in der poetischen Sprache der Alten „Kinder der Finsternis" oder schlicht „die seelisch Toten" nennen, welche es auf die Energie und die Liebesmacht der Biophilen, der Lebenlieber-innen abgesehen haben.
Dennoch: ECHT biophile Gemüter lassen sich trotz des grausigen Geschehens nicht aus der Ruhe bringen. Die Grundlage für diese Unerschütterlichkeit ist nicht dumpfe Gefühllosigkeit, ist nicht Fatalismus — nach dem Motto „Mir ist alles wurscht" —, sondern das innere Wissen, daß letzten Endes alles gut wird. Diese innere Sicherheit — Hauptmerkmal wahrlich selbst-bewußter Lebenlieber-innen — fußt und wurzelt in unserem „Ahnen" und in unseren Ahnen. Dies im Doppelsinn des Wortes „Ahnen": Unser Ahnen rührt von unseren Ahnen, unseren Großen Müttern, her, denen wir ähneln. Erst dann, wenn sich Ahnungen bestätigen, wenn also das Erfahrungswissen zur Grundlage des Handelns und der bewußten Entscheidung wird, tritt anstelle des Ahnungsschimmers das klare Licht der Erkenntnis: Ist ja klar — was haben wir denn gedacht, wie sich die kosmische Gerechtigkeit auswirkt; wie sich die individuellen und kollektiven inneren Konflikte entladen; wie sich dieser interuniverselle Kampf zwischen Gut und Böse, von dem alle Mythen und Märchen erzählen, auswirkt und wie schließlich der große Reinigungsprozeß von Mutter Erde stattfinden wird.

---

1 von griech. nekrós = „Leichnam"; philos = „lieb, freundlich"
2 von griech. bios = „Leben"

Ich muß zugeben, daß ich erst im Laufe der Aufarbeitung des Schocks diese meine Einsichten wieder zurück- und neue dazugewonnen habe. Wäre ich nicht kleinmütig, verzagt und ängstlich gewesen, hätte ich meinen inneren Glauben an die liebevolle Fügung und Führung unserer Ahnen, die letztendlich zum Guten führen, aufrechterhalten, hätte ich festgehalten an meinem Bündnis, hätte ich wegen meiner Bewußtseinsenge nicht den Kontakt zu meiner Großen Seelenmutter verloren — dann wäre ich nicht ins Schleudern gekommen, dann wäre ich nicht angesteckt und fast in diesen gigantischen, trostlosen Angstwirbel hineingezogen worden.

ERFAHRUNGSAUSTAUSCH

„Glaubt es dem, der des selbst erfuhr“
(Aen)

Es gibt nicht viele Menschen, mit denen ich unerklärlich scheinende Ereignisse besprechen kann. Im Laufe der letzten Jahre hat sich jedoch aus den vielen Personen, die ich voreilig und leichtfertig Freund-innen genannt habe, „mein Kreis“ im Sinne von wirklich wahrhaftigen und ehrlichen Frauen herauskristallisiert. Wir sind wenige, doch das Band, das uns verbindet, ist ein ganz starkes. Jede ist sich treu, traut sich, mag sich — demgemäß trauen und mögen wir einander.
Bei einer Zusammenkunft erzählte ich von meinen Erlebnissen, sprach über meine Wahrnehmungen, über die Finsterwolke und deren saugende Kraft, über die Angst vor der Angst und die daraus folgende Depression. Ich schilderte die Schwere, die mich niederdrückte, beschrieb die Enge, die mich lähmte und starr machte, und die Hoffnungslosigkeit, die mich anzukriechen drohte wie ein böses, schleimiges Tier.
Die Freundinnen erzählten von ihren Erfahrungen — und siehe da: Ich war nicht allein mit diesen meinen Wahrnehmungen und meinen Empfindungen. Alle kannten diese Not, alle waren angesichts der Bedrohungen in irgendeiner Form unmittelbar von denselben Phänomenen berührt und betroffen, nur daß sie verschiedene oder noch gar keine Worte dafür hatten.
Alle nannten die Symptome von verstärkten Erregungszuständen mit gleichzeitiger tiefer Erschöpfung, die sich bei einigen bis hin zur Resignation steigerten. Wir sprachen von innerer Verwirrung, die man getrost Geistes-Störung (eine Störung des Geistes) nennen kann. „Ich bin so verstört, daß ich überhaupt nichts mehr tun kann. Alles, was mir bisher klar war, verschwimmt mir, und ich weiß nicht mehr, woran ich noch glauben soll. Ich traue

mir selber nicht mehr über den Weg." Alle steckten plötzlich in einer Identitätskrise, die längst überwunden schien: „Ich kenne mich nicht mehr aus. Es sind so viele Stimmen in mir, und eine jede sagt etwas anderes. Ich weiß überhaupt nicht mehr, was ich will und wer ich wirklich bin." Der Weg bis hin zur Hoffnungslosigkeit war dementsprechend kurz: „Es hat doch sowieso alles keinen Sinn."
Die psychische Beengung drückte sich auch in körperlichen Symptomen aus. Totale Verspannungen sämtlicher Körperpartien waren nur die physischen Zeichen der inneren Enge. Die verkrampften Muskelpartien spiegelten die Krampfartigkeit, mit der wir versuchten, uns über die unheimlichen Prozesse hinwegzutäuschen.
Auch längst auskuriert geglaubte Wehwehchen an den jeweils schwachen Organen meldeten sich wieder. Das Auffallendste war, daß bei allen verstärkt wieder auftrat, was längst als verinnerlichtes, falsches, selbstschädigendes Verhaltensmuster erkannt und teilweise korrigiert worden war. Gleichzeitig fühlten wir unsere eigenen guten Seiten deutlich geschwächt. Die Skala der Irritationen reichte von kleinen Verwirrungsanfällen bis hin zum generellen Zweifel an sich selbst, am gewählten Weg, an den Zielen, am Kreis der Freundinnen, am Großen und Ganzen.
Soweit die Bestandsaufnahme dessen, was bis zu diesem Erstgespräch bewußt war.

DER KRIEG IN UNS

„Alles läuft wie von Geisterhand geplant"
(Radiokommentar zum Krieg in Nahost)

Von wem wird der wirbelnde Angststrom in Bewegung gesetzt, und was bewirkt er? Neben der an sich genug beängstigenden und für sensible Gemüter atmosphärisch wahrnehmbaren Kriegsentwicklung wurde die Angst von den Massenmedien vor dem Kriegsausbruch und während des Krieges kräftig geschürt. Das hat Methode! Gäbe es keine Massenmedien, dann wüßten wir und spürten die meisten nichts — zumindest keine Details — über das grausige Geschehen in Nahost. Dann verliefe für die Mehrheit der Menschen nicht nur die Tagesordnung, sondern auch die Nachtordnung wie gewohnt.[1] Hätten wir keine Informationen, so könnten keine zusätzlichen Ängste entstehen — wir wären insgesamt angstfreier. Unser Glauben, Denken und Fühlen wurde weitgehend durch die konkreten Massenmedien beeinflußt — die Hauptangst wurde erst durch sie mobilisiert. Der Dauerbeschuß mit Horrormeldungen bewirkte jene geistig-seelische Labilität, welche wiederum die Voraussetzung ist, daß massive Angriffe auf das jedem Menschen eigene spirituelle Immunsystem greifen können. Ist die spirituelle Abwehr außer Kraft gesetzt, wird der Geist gestört, worauf das Denken falsche Bahnen einschlägt. Im Gefolge treten Gefühle von Angst, Unsicherheit, Verzweiflung und Hoffnungslosigkeit auf, die je nachdem, wie erfolgreich die Störung ist, unser weiteres Verhalten bestimmen und einseitig steuern.

Obwohl diese unsichtbaren seelisch-geistigen Faktoren von entscheidender Bedeutung sind und erst den Aus-

---

[1] Mit Nachtordnung meine ich das dem Tagesgeschehen vorausgehende Wesentliche. Siehe den Unterschied zwischen Tages- bzw. Sonnenbewußtsein: (dem Ich) und dem Nacht- bzw. Mondbewußtsein (dem Selbst/der Seele) in „Leben lieben — Liebe leben", Seite 42

schlag geben, werden sie von der offiziellen Berichterstattung nicht erwähnt. Der eigentliche, da präexistente Krieg findet im Bewußtsein der Menschen statt. Der unsichtbare Kriegsschauplatz befindet sich in den Herzen und Köpfen der Menschen.

Gibt es jemanden, der diesen inneren Krieg nicht kennt? Wer kennt nicht den Kampf der inneren Stimmen, das zerrende, kräfte-zehrende Für und Wider, das aufreibende Ringen um Entscheidungen? Wer kennt ihn nicht, den Kampf gegen den „inneren Schweinehund“ und den kleinformatigen Lebens- und Todeskampf — das Wechselbad von „himmelhoch jauchzend, zu Tode betrübt“? . . . Wer ist denn wirklich zufrieden, befriedigt und dadurch friedvoll?

Aggression (die fehlgeleitete, zerstörerische Aktivität nach außen) und Depression (die nach innen gerichtete, selbstzerstörerische Aktivität) sind zwei Seiten einer Medaille. Aggressoren und Depressive haben das Ziel ihrer Triebe verfehlt und die gesunde Mitte, somit das Maß, im Spannungsverhältnis der Kräfte verloren.

So, wie jede Person auf der individuellen Bewußtseinsebene das Zeug zur Aggression und Depression in sich hat und somit — wenigstens potentiell — gleichsam wechselweise Untäter oder Opfer ist, so sind auch auf der kollektiven Bewußtseinsebene Untäter und Opfer auf unheilvolle Weise miteinander verbunden. (Vgl. das Kapitel „Die Verhängniskette zwischen Opfer und Täter“ Seite 145)

Und nun stell dir vor: Die außerirdischen destruktiven Kriegs-Erreger und die irdischen Kriegs-Erreger stehen nach dem Sympathiegesetz miteinander in Beziehung. (Ob die Irdischen dies wissen oder nicht, ob die Verbindung absichtlich oder unabsichtlich hergestellt wird . . . — das spielt keine Rolle. Das ist so, denn Gleiches verbindet sich immer mit Gleichem. Irdische und außerirdische „Geister“ von gleicher Qualität erregen sich gegenseitig und stacheln sich gegenseitig an.)[1]

---

[1] Erreger = „Geist“

Die dergestalt vereinigte irdische und außerirdische Kriegslüsternheit, Angriffs- und Zerstörungswütigkeit nekrophiler Tatmenschen, deren Unehrlichkeit, Lügen, Heuchelei, Machtgier und Haß schaukeln sich hoch und steigen ins Unermeßliche. (O Weh, soviel Unehrlichkeit, soviel Lüge und Heuchelei sind unterwegs.)
Sie steigen als Glaubens-, Gedanken- und Gefühlsenergie hoch, ballen sich zu gewaltigen Energiefeldern (oder Wolken) zusammen, die wirbelnd kreisend ihre Bahnen ziehen und ihre Opfer — den Gegenpol — suchen und auch finden.
Ebenso hängen die außerirdischen Opfertypen und die irdischen Depressivlinge nach dem Sympathiegesetz zusammen. In wechselvoller Weise wird durch diesen Zusammenhang die Lebens- und Todesangst verstärkt und steigt ins Unermeßliche. (So viel Lebensüberdruß, so viel Not, Verzweiflung und so viel Unehrlichkeit und Heuchelei auch auf dieser Seite — so viel Hoffnungslosigkeit liegt in der Luft.) Zusammengeballt bilden auch diese Ausdünstungen Felder und Wolken, die als wirbelnde Ströme den Erdball umkreisen.
Jenen, die das nicht glauben können oder glauben wollen, sei in Erinnerung gerufen, daß die Existenz sogenannter „morphologischer Gedankenfelder" längst untersucht und auch wissenschaftlich bewahrheitet ist. Das Phänomen der Gedankenübertragung und Beeinflussung über weite Landstrecken hinweg, ohne daß die Denkenden bzw. Handelnden miteinander physische Berührung haben, wurde durch folgende Begebenheit bekannt und ab da für die Wissenschaft interessant: Auf einer Insel soll irgendwann eine Affendame dazu übergegangen sein, die aus der Erde gegrabenen Wurzeln im Fluß zu waschen, ehe sie diese verspeiste. Daß daraufhin auch andere Affen ihre erdigen Speisen wuschen, mag auf den Nachahmungstrieb zurückzuführen sein. Daß knapp nach der „Premiere" dieses an sich ungewöhnlichen Verhaltens die Affen auf einer weit entfernten Insel plötzlich ebenfalls begannen, ihre Knollen und Wurzeln zu

waschen, bevor sie diese verzehrten, wurde den morphologischen Gedankenfeldern zugeschrieben.

Was bei Affen eine Sensation war, ist auf der Menschenebene eine altbekannte, dennoch wenig beachtete Tatsache. Der Zeit-Geist bewegt Modeströmungen, die den ganzen Erdball umkreisen. An verschiedenen Punkten der Erde machen Menschen zur selben Zeit dieselben Erfindungen, obwohl sie nicht miteinander zu tun haben. Man sagt: „Etwas liegt in der Luft; Gedanken werden aus der Luft gegriffen." Gedanken haben elektromagnetische Kraft und Wirkung und werden, indem sie in die Tat umgesetzt werden, „materialisiert". Nicht nur Gleich und Gleich gesellt sich gern, sondern auch (Spannungs-) Gegensätze ziehen sich an. Die Störfelder der Aggressorenenergie finden ihre Opfer. Der Zusammenprall von Untäter- und Opferenergiefeldern ergibt jene inneren Konflikte[1], die sich auf der äußeren sichtbaren Ebene im Streit, Kampf und Krieg entladen.
So grauenvoll dieser Krieg in Nahost auch ist und wie furchtbar die nachfolgenden Umweltzerstörungen und Naturkatastrophen auch sein mögen — noch viel grauenvoller ist das, was kurz-, mittel- und langfristig in den Seelen passiert.

---

[1] Konflikt zu lat. confligere = „zusammenprallen, zusammenschlagen"

ERINNERUNGEN

„Der echte Schüler lernt an dem Bekannten
das Unbekannte entwickeln“
(Goethe)

Durch den Austausch unserer Erfahrungen und Erkenntnisse wurde uns bewußt, daß dieser innere Krieg nie ganz beigelegt wurde; daß der Friede in uns zu wenig stabil und nicht dauerhaft ist. Außerdem wußten wir, daß wir „des Pudels Kern“ noch immer nicht kennen. Das, was wir bisher herausgefunden haben, reicht nicht aus, um uns vor den ominösen Bedrohungen zu schützen.
Wir beschlossen, nicht mehr auszuweichen und uns intensiver, gründlicher und umfassender damit auseinanderzusetzen.
So spannten wir den Bogen weiter und riefen uns zurückliegende Erfahrungen in Erinnerung. Durch Fragen und Antworten, die wir uns wie einen Ball im Kreis zuwarfen, kreisten wir das Problem von allen Seiten ein. Ähnlich wie in einem Brainstorming alle Einfälle unzensiert notiert werden, um sie erst danach zu sortieren und auszuwerten, kamen wir so nach und nach dem Kern der Sache näher.
U. erinnerte uns an eine Begebenheit, die sie uns vor nicht allzulanger Zeit erzählt hatte: Eines Nachts, vor dem Einschlafen, sei sie durch einen Feuerstrahl, ein blitzartiges Gebilde „getroffen“ worden, was in ihr panikartiges Entsetzen auslöste. Obwohl sie die Augen geschlossen hatte, konnte sie diesen Strahl deutlich wahrnehmen. Er kam durchs Fenster und löste einen Schock aus, der sich durch die nachfolgenden rationalen Erklärungsversuche — es könnte ein normaler Blitz oder ein Autoscheinwerfer gewesen sein — nicht rechtfertigen ließ. Es gab kein Gewitter, der Himmel war wolkenlos. Ein Autoscheinwerfer kam aus dem einfachen Grund nicht in Frage, weil das Licht von oben kam und die einzige Straße weit unten

vorbeiführt. Dazu kam, daß im selben Augenblick, als sie dieser rätselhafte Lichtstrahl traf, ihr Kind im Nebenzimmer mit einem erschreckten Schrei aus dem Schlaf hochfuhr und weinend zu ihr lief. Mit den Worten: „Mama, ich habe so große Angst“ kroch sie bebend zu ihr unter die Bettdecke.

U. brachte den Beginn ihrer Depression — Kennzeichen: immer häufiger auftretende Resignationsanfälle — mit diesem Ereignis in Zusammenhang. Sie, die so zuversichtlich und mit allen guten Voraussetzungen ausgestattet ihren Freiheitsweg angetreten hatte, mußte zur Kenntnis nehmen, daß sie danach durch den neuerlichen Verlust ihrer inneren Sicherheit unter anderem stärker denn je an den falschen romantischen Liebesglauben und somit gleichsam an den „Hauptdarsteller“ dieses Liebesromans gebunden war.

Mir fiel ein: „Strahl“ hieß in alten Sprachzuständen „Pfeil“. Eros und Amor schießen ihre vergifteten Pfeile ab, die ins Herz treffen. In einem Zitat aus der Johannes-Apokalypse heißt es: „Der erste der apokalyptischen Reiter öffnete das erste Siegel,“ — Entsiegelung heißt Resignation — „und der darauf saß, hatte Pfeil und Bogen . . . und er zog aus, zu überwinden und daß er siegte.“ Bei Hesekiel habe ich gelesen: „Und ich sah, siehe, es kam ein ungestümer Wind von Mitternacht her, mit einer großen Wolke voll Feuers.“ Weiter: „Feuer wird vom Himmel fallen . . .“ Mit Feuer und Schwert trat das Patriarchat seinen Siegeszug an. Durch ein feuriges Schwert wird der Zugang zum Paradies verhindert.

M. erinnerte sich, daß meine Beschreibung der Finsterwolke und U.s Erlebnis mit dem Strahl ihr aus einem Trance-Erlebnis bekannt waren. Sie wußte keinen Namen für dieses bösartige, geballte Etwas, nur soviel, daß es tatsächlich wie eine elektrisch geladene Wolke, bestehend aus Ruß-, Rauch- und Dreckpartikeln aussah und daß diese Wolke von Blitzen durchzuckt war. Auffallend an dieser Wolke war, daß sie nicht von innen heraus pulsierte, keine Eigenstrahlung hatte, sondern nur Kraft

hatte, wenn sie dauernd von außen durch Energiezufuhr gespeist wurde. Sie fühlte und sah auch, wie sie selbst „ausrann" und zunehmend schwach und schwächer wurde – wie ihr Lebenssaft von dieser Wolke angesogen wurde.
Auch O. kannte dieses Phänomen. Es war gar nicht lange her, daß sie in jenem Augenblick, als ihr in einer stehenden Kolonne hinten ein Auto auffuhr, eine ähnlich gestaltete „Erscheinung" hatte, die sie spontan „Störfeld" nannte. Sie sah in diesem Moment des Aufpralls einen blitzartig ausgeleuchteten Raum, der ihr Einblick in größere Zusammenhänge gab. Vergangenheit, Gegenwart und Zukunft fielen in einen Punkt zusammen. Entsprechend ihren inneren Störungen (die sie jedoch die ganze Zeit nicht wahrnehmen, geschweige denn ausdrücken wollte) ballte sich über ihr ein „Störfeld" zusammen, das sich im Augenblick des Aufpralls (der übrigens schlimme Folgen für sie hatte) käseglockenförmig über sie stülpte. Und auch hier: plötzlicher Energieabfall, mehr noch, ein Anfall geistiger Umnachtung (kein Ohnmachtsanfall), an den sich eine lange anhaltende Wahnsinnsangst knüpfte. Auch hier: Depression, Resignation und eine rätselhafte Dummheit. „Es war so, als ob alles, was ich schon einmal wußte, und alles, was mir bewußt war, mit einem Schlag gelöscht worden wäre und sich meine bis dahin so lebendige Wachheit in dumpfe, stumpfe Ergebenheit gewandelt hätte. Die physischen Unfallfolgen spüre ich noch heute als wunde Punkte. Sie sind wie Mahnmale, sie sich immer dann melden, wenn ich wieder in Gefahr bin, die Fehler von damals zu wiederholen."
In diesem Zusammenhang erzählte ich einige der vielen Tranceerlebnisse, in denen mir ganz unterschiedliche Frauen, jede auf ihre Weise, mit ihren Worten und ihrem ureigenen Körperausdruck, die Begegnung mit atmosphärischen Gefahren auf anschauliche Weise vor Augen führten. Ein Beispiel soll hier für viele stehen. Ich wähle das Beispiel G., weil ich nach ihrer Trance und der nachfolgenden Aufarbeitung mehr wußte als zuvor und weil

ich dadurch die vielen anderen Erlebnisse und Berichte zuvor und danach in einem anderen und klareren Licht sah.
Gertrude kam von weit her angereist. Sie bat mich, ihr zu helfen, Ordnung in ihre diffuse Lebens organisation zu bringen. „Die Großstadt macht mich krank . . . Mein Freund geht mir auf den Geist . . . Er ist verrückt, und mich bezeichnet er als verrückt." Ihre Bekannten hätten ihr dringend geraten, sich von diesem Mann zu trennen, zumal es deutliche Anzeichen gibt, daß er die gemeinsame kleine Tochter mißbraucht. Trotz guter Vorsätze und obwohl sie wirtschaftlich unabhängig und nicht einmal verheiratet ist, schaffte sie es nicht, sich und ihr Kind in Sicherheit zu bringen. Gertrude wirkte verstört, sie sagte, sie fühlte sich hin- und hergerissen zwischen dem Wunsch, wieder frei zu sein und allein zu wohnen, und . . . was sie hielte, was sie an diesen Mann bände, könnte sie nicht genau sagen. Die Gewohnheit? Die Bequemlichkeit? Nur so viel wüßte sie, daß sie aus unerklärlichen Gründen an ihm hinge, obwohl es zwischen ihnen keine Liebe gäbe, nie eine gegeben hätte.
Weil Gertrudes innerer Zwiespalt offenkundig war und damit alle ihre inneren Stimmen Stimmrecht bekämen, damit alles Für und Wider klar zutage treten und abgewogen werden konnte, empfahl ich ihr, diese zwei „Seelen" miteinander ins Gespräch zu bringen. Zu diesem Zweck legte ich zwei Polster auf den Fußboden: eines für die Weggeh-Getrude, das andere für die Dableib-Gertrude. Sprach die Weggeh-Gertrude, setzte sie sich auf das rote Polster, erwiderte die Dableib-Gertrude, begab sie sich auf das braune Polster. Nachdem sie einige Male die Position gewechselt hatte, das Hin- und Hergezerre erst in Wort und dann nur mehr durch Gesten zum Ausdruck gekommen war und sie sich schließlich gänzlich in Argumentation und Gegenargumentation verheddert hatte (es war nicht mehr klar, welche Stimme WAS wollte und sagte), blieb sie plötzlich in verkrampfter Haltung auf dem Dableib-Polster sitzen. Stoßweise atmend, sichtbar erregt

und am ganzen Körper zitternd saß sie da. Nach jahrelanger Erfahrung in Regressionsarbeit kannte ich mich aus. Getrude war in leichter Trance. Ein Zustand an der Grenze zwischen Tages- und Nachtbewußtsein.
Auf meine Frage, was sie wahrnehme, sagt sie stammelnd: „Angst! . . . Es drückt was. Es preßt mich zusammen." Sie macht eine hilflose Handbewegung, duckt sich noch mehr und sagt mit unterdrückter Stimme: „. . . da, da, ist etwas." — „Was ist da? Versuch es mir zu beschreiben . . . Aus welcher Richtung kommt die Bedrückung?" Ihre Hände weisen nach oben. „Welche Farbe?" — „Schwarzgrau — Blitze zwischendurch . . . Es ist wie elektrisieren . . . wie Starkstrom." Ich fordere sie auf, stärker zu atmen und sich tiefer in die Angst fallen zu lassen, dann wisse sie vielleicht mehr. Das könne sie nicht. „Dieses zuckende Grau hält mich fest." — „Kannst du noch etwas anderes wahrnehmen?" Für einen kurzen Augenblick entspannt sich ihr Gesichtsausdruck, Tränen quellen unter ihren geschlossenen Augenlidern hervor und mit geändertem Tonfall sagte sie: „Da . . . da bist du ja . . . bitte bleib da, geh nicht fort!" — „Zu wem sprichst du — wer ist da?" — „Das schöne Licht." — „Was meinst du?" — „MEIN Licht." Aus Gertrudes Stimme geht hervor, daß ihr die Begegnung mit diesem schönen Licht bekannt sein muß. Plötzliche Trauerzeichen in ihrem Gesicht veranlassen mich zu fragen: „Was ist jetzt, warum bist du plötzlich traurig?" — „Das schöne Licht entfernt sich." — „Sieh zu, ob du herausfinden kannst, ob dir das Licht etwas sagen will — ich meine, gibt es irgendein Zeichen?" — „Ja, es möchte, daß ich ihm folge." — „Und tust du das?" — „Ich kann nicht." — „Warum?" — „Ich klebe ja fest." — „Woran klebst du?" — „Na, da ist ja diese grauenvolle Elektrizität." Gertrude klebt, sie kann weder vor noch zurück, kann nicht weiter werden und nicht tiefer gehen.
Somit holte ich sie auf sachte Weise wieder langsam ins Tagesbewußtsein, sprich: in meine Stube zurück. Als sie die Augen aufschlug, wußte sie auch im Kopf ganz genau um den Unterschied zwischen dem hellen Licht und der

grauen Elektrizität. Sie wußte auch, daß diese „grauenvolle Elektrizität" von nichts anderem herrührte als von gespenstischen Wesen, deren Nähe sie schon öfters gespürt hatte und deren Absichten sie vorher schon kannte. Sie wußte auch, wie und wodurch sie an diesem Starkstrom klebenblieb. Es war ihr Selbstbetrug, ihre Unaufrichtigkeit sich selbst und damit allen anderen gegenüber. Ihr Selbstbetrug hatte sich so verselbständigt, daß er unbemerkt von ihrer Wahrnehmung zur Lebenslüge wurde.
G. litt unter den Verhältnissen, verlangte nach „Befreiung" von ihren Abhängigkeiten, war jedoch nicht bereit, die Entscheidung zu treffen und wirklich loszulassen. Sie stand vor der Möglichkeit und hätte dadurch die Wahl gehabt, ihrer inneren Gewissens-Stimme zu folgen, die vom „schönen Licht" geführt wurde. Da hätte sie allerdings auf ihren Selbstbetrug und ihre Lebenslüge schauen und schleunigst mit der ganzen Wahrheit herausrücken müssen. Sie beharrte jedoch weiterhin auf dem beschönigenden Selbstbild von der armen unschuldigen G., der nur Unrecht geschieht. Sie wollte nach wie vor nur die Nachteile der Beziehung zu diesem Mann sehen und leugnete die scheinbaren Vorteile, die sie gerne in Anspruch nahm und die sie nicht bereit war aufzugeben, weil sie ihrer Trägheit und dem Selbstbetrug zu Nutze waren. Sie blieb weiter hängen — an ihrer Unaufrichtigkeit und somit am Strom-Netz gleichartiger unreiner Wesenheiten und dadurch auch an ihren Freund, welcher seinerseits wiederum wie ein Roboter an seinem Beruf bzw. an seinem Chef hängt, dieser wieder an seinem oberen Chef . . . usw. Wie lange diese Verhängniskette ist, kann niemand sagen. Bei welcher unsichtbaren grauen Eminenz sie endet, kann ich nur ahnen.
G. und ich lösten in beiderseitigem Einverständnis unsere Beziehung. Sie war nicht bereit, die nötigen Korrekturen zu setzen, und ich kapierte endgültig, daß ich meinerseits loslassen muß, wenn ich nicht auch in den Sog der „grauenvollen Elektrizität" hineingezogen werden möchte.

Für diese klebrigen Verkettungen paßt die umgangssprachliche Redewendung „Auf den Leim[1] gegangen."
Bitte —, was ist das für ein Leben?
Die entsprechende Symbolkarte im Tarot heißt Gebundenheit und zeigt bildhaft die Verkettung der Frau mit dem Mann und die Bindung beider an einen Dämon.

Schwan kleb an oder Wolf kleb an?

Während Gertrudes Arbeit kam mir das Märchen „Schwan kleb an!" in den Sinn. Das Märchen erzählt von der Qualität einer Verbindung, die durch den Schwan symbolisiert ist. Was den Kindern des Lichts der Schwan als Symboltier eines guten Geistes (siehe Leda mit dem Schwan, der Schwan im deutschen Volksepos, z. B. Lohengrin), ist den Kindern der Finsternis der widersacherische, reißerische Werwolf[2] (Begleittier des Dracula, Widersacher des Rotkäppchens).
Die Worte „kleben" und „hängen" sind wertneutral. Wie immer, überall und jederzeit, so kommt es auch hier darauf an, an wem jemand klebt und woran man hängt. Die Qualität des Lebens — das Seelenheil — hängt davon ab. Mein Eindruck ist, daß es gegenwärtig viel mehr „Wolf kleb an" - als „Schwan kleb an"-Geschehnisse gibt. Dem Himmelsschwan steht der Werwolf als Widersacher entgegen.
Schwan: Der altgermanische Vogelname (ahd. swan, engl. swan, schwed. svan) ist verwandt mit aengl. swinn

---

[1] Leim: In diesem Zusammenhang ist interessant, daß es eine enge Wortverwandtschaft gibt zwischen dem Wort Leim = „klebrige Erdmasse", leimen = „kleben, zusammenfügen" und leimen im Sinne von „anführen, betrügen". Weiters geht von der Bedeutungswendung „klebrig sein, haften, kleben bleiben" die Sippe von leben (eigentlich „übrigbleiben") aus.

[2] Werwolf: = „Mann, Mensch" (Mann-Mensch), der sich laut etymologischem Wörterbuch „zeitweise in einen Wolf verwandelt". Wer-Wolf setzt sich zusammen aus lat. vir = „Mann", Plural: Leute („Wuchs, Nachwuchs") und Wolf von idg. uel- = „(an sich) reißen, ritzen, rauben, verwunden, töten". Somit heißt Wolf eigentlich Reißer, Reizer, Räuber, Töter. Ein Werwolf ist der böse Geist eines reißerischen (reizenden) . . . Mannes.

und bedeutet „Musik, Gesang". Swinsian heißt „tönen, singen". Alle diese Worte gehen auf die idg. Wurzel suen „tönen, schallen" zurück.
Sowohl Säule als auch Saum bzw. säumen „anbinden" gehen auf dieselbe Wurzel zurück. Lat. sonare heißt „tönen, schallen, klingen; bedeuten; singen, preisen". Daß es sich bei diesem hellen Tönen, Schallen und Singen nicht um den Gesang eines konkreten Schwans handeln kann, geht schon aus der Tatsache hervor, daß dieser nicht singt — auch nicht in der Todesstunde. Es handelt sich um den glänzenden Himmelsschwan — die poetische Umschreibung für einen reinen, heilen Geist, dessen Ausstrahlung als „guter Ton in allen Lebenslagen" schwingend, vibrierend gleichsam klingt und tönt.
„Schwan kleb an", im Märchen grob profanisiert, ist nur ein bildlicher Ausdruck für die Verbindung gleichgearteter Wesen nach Art des Schwans, deren Ausstrahlung dieselbe Klang-Farbe oder einen harmonischen Farb-Ton haben. Die eingentliche und ursprüngliche Bedeutung des griech. Wortes „hymnos" meint das gleiche: Sowohl Hymen „Häutchen, feines Band", als auch Hymne, ursprünglich „Band, Gefüge", heute „Lobgesang, Weihelied", weisen auf jenes Phänomen hin, das unter den Namen „himmlische Harmonien" und „Sphärenklänge" bekannt ist. Die Redensart „es schwant mir" für „ich ahne" und der jetzt nur noch tadelnd im Sinne von „Lüg nicht" gebrauchte Ausspruch „Schwanert nicht" heißt eigentlich „Sag deine Ahnung nicht". Diese alten Redensarten erinnern daran, daß es sich beim Himmelsschwan um unsere Ahnen — die Großen Mütter — handelt.
Ein Märchen mit dem Titel „Wolf kleb an" gibt es nicht. Inhaltlich erzählen jedoch viele Geschichten von der Realität des bösen Stromnetzes, in dessen Regelkreis sich Werwölfe und deren Opfer fest aneinandergeklebt bewegen.

„DEN LETZTEN BEISSEN DIE HUNDE“

„Wer sich zum Schaf macht,
den fressen die Wölfe“
(chinesisches Sprichwort)

Daß ich im „Falle G.“ völlig richtig gehandelt habe und wie wichtig diese Entscheidung war, wurde mir kurze Zeit später noch viel bewußter. Ich hatte einen Traum:
Ich liege entspannt auf einer Wiese, wähne mich allein, fühle mich wohl, schaue ins Himmelblau und bete. Plötzlich höre ich (wie) aus heiterem Himmel ein vielstimmiges Wehgeschrei: Seufzer, Jammern, Stöhnen, Hilferufe. Ich schaue mich um, kann jedoch niemanden sehen. Die wehklagenden, hilferufenden Stimmen kommen von überall und nirgendwo her — (aus der Luft?). Meine gewohnte Reaktion: Die sind in Not, ich muß helfen. In dem Augenblick, als ich mich aufsetze und meine ganze Aufmerksamkeit auf die Stimmen richte, durchfährt mich ein Strom unangenehmer, stoßartiger Vibrationen. Sofort ist mein ganzer Körper völlig verspannt. Schmerzhaft beuteln mich krampfartige Zuckungen durch und durch. Die Glieder sind verrenkt und an mehreren Stellen meines Körpers fühle ich Schmerzen, als ob sich Fingernägel in mein Fleisch krallten. Ich kann dies nur spüren; zu sehen ist niemand. Ich weiß jedoch, daß die Greifhände und die Stimmen zusammengehören und denke: „Jetzt haben sie mich erwischt!“
Als ich aufwachte, befand sich mein Leib noch in krampfartigen Zuckungen. Nerven und Muskeln waren zum Zerreißen gespannt. An meinen Armen und Beinen spürte ich noch deutlich die Stellen, an denen sich die Fingernägel festgekrallt hatten. So blieb ich eine Weile liegen — gelähmt vor Angst. Als ich in der Lage war, das Licht anzumachen, sah ich, daß ich wohl keine Fleischwunden hatte, spürte jedoch noch Stunden später die nervösen, krampfartigen Zuckungen.

Weil der Traum so nachhaltige Gefühle hinterließ und weil ich meine Träume immer ernst nehme, versuchte ich, die Traumbotschaft möglichst genau herauszufinden. Diese „Stromstöße" erinnerten mich auch wieder an die Geschichte mit G. und ähnliche Berichte. Außerdem fiel mir ein, daß ich die Symptome, unter denen ich in der Zeit der Golfkrise zu leiden hatte, mit denselben Worten bezeichnet hatte, wie sie in der Elektrophysik gebräuchlich sind. Fragte mich in jener Zeit jemand: „Wie geht es dir?", dann antwortete ich wahrheitsgemäß: „Ich fühle mich erregt, ja übererregt . . . ich bin geladen, stehe unter Hochspannung, fühle mich wie unter Strom . . . Es ist, als stünde ich unter schwerem Beschuß . . . wie vom Blitz getroffen . . ."
Ich neige dazu anzunehmen, daß diese umgangssprachlichen Redewendungen VOR der Erforschung und Nutzbarmachung der Elektrizität gebräuchlich waren und daß sie daher nicht auf menschliche Elektrovorgänge übertragen wurden, sondern umgekehrt. Weil ich es genau wissen wollte, begann ich, technisches Antitalent, mich um die Grundkenntnisse der Elektrizität zu kümmern. „Harry", fragte ich, „was geschieht eigentlich beim Elektrisieren? Du als Elektroingenieur wirst mir das doch erklären können." Ich gebe hier sinngemäß wieder, was mir das „Fachgespräch" mit Harry gebracht hat:
Jeder elektrische Reiz ruft eine atomare, molekulare, zellulare chemische Reaktion hervor. Je stärker der Reiz, desto stärker die Reaktion. Starke elektrische Stöße oder Schläge können Zellen verändern, stärkste Reize diese gar zerstören. Nehmen wir an, eine Person greift in eine Steckdose mit 220 Volt Spannung (sie steckt sich an). Nehmen wir weiter an, diese erste Person bildet mit anderen Personen eine Kette, indem sich alle an der Hand halten. Während die erste, die eigentlich angesteckte Person, nur etwa 5 Volt Spannung zu ertragen hat und die weiteren Personen die Elektrizität nur ganz leicht zu spüren bekommen (jede Art von Strom sucht sich immer den kürzesten Weg), bekommt die letzte Person nahezu die

volle Ladung ab. Warum? Weil sie geerdet ist. Der Erdboden hat immer null Volt Spannung. „Hund kleb an – den letzten beißen die Hunde." Wodurch wird das Klebenbleiben am Strom bzw. an den leitenden Personen verursacht? Nehmen wir an, eine Person greift in eine Hochspannungsleitung ab 1000 Volt. Gemäß der oben genannten chemischen Reaktion leiten die Nerven den starken Reiz weiter, die Muskeln verkrampfen sich total, eine komplette Lähmung entsteht. Dieser Muskelkrampf bewirkt das Hängen-, Kleben- oder Haftenbleiben an der Starkstromleitung. Nehmen wir weiter an, die Person, die am Starkstrom klebengeblieben ist, schreit um Hilfe und eine Helferperson faßt nach der freien Hand des Opfers. Die Helferperson ist mehr gefährdet als die erste direkt betroffene Person. Während erstere lediglich Verbrennungen davonträgt, kann die Helferperson tot sein.
Wie gesagt, mein Forschungsgebiet ist nicht die Elektrizität; die für mich wichtigen technischen Details interessieren mich nur im Hinblick auf die dementsprechenden inneren Prozesse.
Wie in allen Bereichen, so ist es auch hier von wesentlicher Bedeutung, zwischen natürlicher Elektrizität, die fruchtbar ist, und künstlich erzeugter Elektrizität, die für Menschen (besonders im direkten Kontakt) schädlich ist, zu unterscheiden. Natürliche Elektrizität ist ein Teil des Ur-Elementes Licht. Sie ist ein Bestandteil der Kräfte von Göttin Lucia, die in ihrer weißen Gestalt die Lebensvorgänge auf sanfte Weise anregt, als Rote einigend und mütterlich mehrend wirkt, als Schwarze das Weisheitslicht der Erkenntnis von Gut und Böse beschert und die Umwandlung der schädlichen Eigenschaften und Verhaltensweisen in natürlich gute bewirkt.
Böses Licht geht von Wesen freien Willens aus, welche die vorhandene Lucia-Energie, die ihnen zum Sein und Werden gegeben ist, in sich auf pervertierte, destruktive Weise verwenden. Lebensverweigerer mißbrauchen die Wachstumsenergie zur Wachstumsunterdrückung oder Wachstumsverhinderung; Liebesverweigerer verbrau-

chen die mütterliche Liebesenergie zum Spalten, Teilen und Zertrümmern bzw. zur Produktion lebensschädlicher Mißgeburten, und Erkenntnisverweigerer pervertieren die Lebens- und Liebeswerte in Zerstörungs- und Todesbotschaften. Das dergestalt denaturierte Licht wird nicht deswegen Licht der Finsternis genannt, weil es unsichtbar ist, sondern weil seine Qualität von einer ganz schlimmen düsteren Beschaffenheit ist (nicht zu verwechseln mit dem unsichtbaren guten Licht, das schwarzes Licht genannt wird).

Leben wir unsere eigene innere Natur, dann sind wir im fließenden, fruchtbaren Spannungsgefüge und mehrenden Austausch mit allen lebendigen Ganzheiten diesseits und jenseits der Sphären. Verweigern wir unser Wachstum und nützen wir die Erkenntnisfähigkeit nicht, dann fühlen wir uns angespannt. Da Energie die Eigenschaft hat zu fließen, weil sie zirkuliert, weil jeder Input einen Output braucht, weil jeder Ladung eine Entladung folgen und weil nach einer Phase der Spannung eine Phase der Entspannung kommen muß und umgekehrt, ist es logisch, daß Menschen, die Wachstum, Erkenntnis und Mitteilung verweigern, sich sehr bald angespannt fühlen. Klar: Jede Blockade behindert den Energiefluß. Nützt man die Lebens-Impulse nicht zu einem kraftvollen Vorwärts in Richtung Wachstum, dann „geht die Sache nach hinten los". Die Spannung entlädt sich auf lebensschädigende Weise; entweder als Zerstörungskraft nach innen: Depression; oder als zerstörerische Agression nach außen: wie du dir, so du zu den anderen.

Innerseelische ungute Spannungen führen gleichzeitig zu zwischenmenschlichen Spannungen, zu Projektionen, Übertragungen und destruktiven Gedanken- und Gefühlsströmen, die sich mit den Strömen gleicher Destruktivität verbinden.

Da sich gleichartige Systeme nach dem Resonanzgesetz gegenseitig verstärken, wird die Spannung und somit die destruktive Kraft immer stärker, hemmt und bewirkt letztendlich die Lähmung der natürlichen fruchtbaren

Lebensvorgänge. Diese Lähmung ist verantwortlich für das Klebenbleiben. Da die letzte Person in solchen Verhängnisketten immer die stärkste Ladung abbekommt, wird sie schleunigst danach trachten, den „Schmerz" zu lindern — entweder durch Weiterleiten oder durch Loslassen.
Für mich bedeutet dies: Bin ich offen für Personen mit schädlichen Gedanken, Gefühlen und Handlungen, „reiche ich ihnen meine Hand", so werde ich deren zerstörerische Spannung direkt abbekommen. Dann bin ich ihr „Blitzableiter". Ihre „Entladung" wird in mir ungute und unfruchtbare Ladung (Spannung) bewirken, mich blockieren, schwächen und schließlich meine guten und fruchtbaren Lebensvorgänge lähmen.
Zwischen allen Personen, mit denen wir in Beziehung sind (auch mit Verstorbenen, zu denen wir eine emotionale Verbindung haben), gibt es eine wechselseitige Beeinflussung, Gedankenübertragung und ein „Dreinfunken". Immer setzen sich die stärksten Reize durch und übertönen die weichen natürlichen Lebens-Reize.
Meine gutwillige Liebesmacht hat keine Chance, Wesen bösen Willens zu ändern. Als letztes Glied in einer langen Verhängniskette, die in ein außerirdisches bösartiges System mündet, werde ich immer Verliererin sein, denn Plus mal Minus gibt Minus.
Will ich die negative Hochspannung nicht meinerseits wieder weiterleiten und somit weitere Personen in das Verhängnis hineinziehen (und das will ich keinesfalls), dann gibt es nur eines: Loslassen! Seinlassen! Totale Funkstille herstellen!
Ich habe meine Traumbotschaft kapiert und eine Beziehung gelöst, die längst „fällig" war.

ERSCHÖPFUNGSZUSTÄNDE

„Müde bin ich, geh zur Ruh',
schließe meine Augen zu.
Vater, laß' die Augen dein
über meinem Bette sein."[1]

Auf meinen Reisen begegnen mir immer wieder Frauen, die mir von ihren Energieproblemen erzählen. Die Briefe häufen sich, in denen von zunehmender Angst, von schlagartig auftretenden und länger anhaltenden physischen und psychischen Erschöpfungszuständen die Rede ist. Allen Berichten ist gemeinsam: Es gibt keine Erklärung für dieses unheimliche Geschehen. „Weil ich mir nicht mehr zu helfen wußte, ging ich zum Arzt, die Diagnose lautete ‚Psychovegetatives Erschöpfungssyndrom'". Bei den mir meist unbekannten Schreiberinnen mußte ich annehmen, daß ihre Symptome die natürlichen Folgen des allerorts üblichen, streßbeladenen Alltagslebens sind. Wer gibt sich schon die notwendige Ruhe und Erholung, wer folgt schon seinem eigenen Biorhythmus, wer sorgt schon regelmäßig für Rückzug und Entspannung? Wer hält schon die Nacht- und Winterruhe ein?

Allerorts wird nicht nur die Nacht zum Tag, sondern auch der Winter zum Sommer gemacht. Dauernde Reizüberflutung, Hektik und Getriebenheit prägen den Tages- und Nachtablauf. Die notwendige Besinnung — ein In-sich-Gehen — wird von den meisten tunlichst vermieden. Die allgemein üblichen Streßfaktoren treffen für die Mehrheit unseres Freundinnenkreises nicht zu. Wir sind

---

[1] Haben wir je daran gedacht, daß der bis in die Neuzeit anhaltende Glaube an den „bösen Blick" eine reale Grundlage hat?
Ausgehend von der Tatsache, daß das physische Auge nicht nur Eindrücke empfängt, sondern auch „Strahlen emaniert" und böse Menschen böse Augen-Blicke haben, die schädlich sind, ist es äußerst fragwürdig, vor dem Schlafengehen das spirituelle Auge jenes nachweislich grausamen bösen Vater-Gottes Nacht für Nacht heraufzubeschwören.

Frei-Beruflerinnen, daher können wir unser Tun und Lassen, unsere Arbeit und unser Ruhen auf das Bedürfnis unseres natürlichen Bio-Rhythmus abstimmen. Kurz: Wir führen ein relativ streßfreies, gemächliches und schwerpunktmäßig mehr auf Ruhe und Besinnung ausgerichtetes Leben. Ich kam zu dem Schluß, daß es zumindest bei uns nicht an Überarbeitung, Doppelbelastung, Beziehungs- oder sonstigem Streß liegen kann. Was dann?

„Immer matt und müde"

Per Zufall fiel mir in einer Gesundheitszeitung der Artikel „Immer matt und müde — eine neue Krankheit greift um sich" in die Hände. „Diese Krankheit der neunziger Jahre" verbreitet sich, von den USA ausgehend, wie eine Seuche und betrifft mittlerweile alle hochindustrialisierten Länder. Die Betroffenen werden von rätselhaften Erschöpfungszuständen befallen, die mit ständiger Mattigkeit, mit starkem, plötzlich auftretendem, unbeherrschbarem Schlafbedürfnis einhergehen. Leistungsknick, Konzentrationsunfähigkeit und Gedächtnisschwund sind weitere Symptome. Obwohl die Ärzte vor einem Rätsel stehen, gibt es dafür etliche Namen: Yuppie-Influenza, chronisches Müdigkeitssyndrom, nervöse Erschöpfung, imperativer[1] Schlafdrang, Narkolepsie[2]. Als auffallend wird hervorgehoben, daß es vor allem jüngere, leistungsstarke Menschen im Alter zwischen zwanzig und vierzig Jahren sind, davon die Mehrzahl Frauen, die ganz plötzlich von einer solchen Müdigkeit befallen werden.

Infektionen werden als Ursache ausgeschlossen. Auch die Vermutung, daß die Konzentrations- und Gedächtnisstörungen durch Viren oder andere Erreger verursacht werden, hat sich trotz eifrigsten Forschens nicht bestätigen lassen. Amerikanische Virologen fanden keinen bemerkenswerten Unterschied der Antikörper-Konzen-

---

1 imperativ von lat. imperare = „befehlen"

2 Narkolepsie = „Schlummersucht"

tration im Blut gesunder und erkrankter Personen. Nachweisbar war lediglich eine erhöhte Aktivität der Killerzellen. Das Warum, Wogegen und Wozu ist immer noch unklar. In schweren Fällen können auch Krämpfe, Halluzinationen, Verlust des Muskeltonus (Lähmungserscheinungen) und kurz dauernde Gedächtnislücken oder gar Bewußtseinsveränderungen auftreten. Als Hypothese über die Entstehung der neuen Seuche wird eine Desynchronisation unserer inneren Uhr angeführt. Als Ursache wird der unbiologische Rhythmus des modernen Lebens, der antibiorhythmisch geprägte Lebensstil in den postindustriellen Gesellschaften angegeben. „Keine Impfung wird die weitere Verbreitung dieses Leidens stoppen können. Es wird auch keine Pille und keine Spritze zur Heilung dieses Leidens geben." Als Therapie wird lediglich eine Änderung des Lebensstils mit ausgiebiger körperlicher Aktivität am Tag, ausreichendem Schlaf in der Nacht sowie vernünftiger Ernährungsweise empfohlen.

Mein Kommentar: Die offizielle Diagnose deckt sich mit unseren Feststellungen. Was die Ursache und somit auch die Therapie betrifft, bin ich anderer Meinung.

Klar, daß eine materialistisch ausgerichtete Gesellschaft und Wissenschaft, die sich nur auf der diesseitigen und körperlichen Ebene bewegt und forscht, in eine Sackgasse geraten muß. Der menschliche Organismus ist jedoch klüger als die Wissenschaftler. Er mobilisiert Killerzellen, obwohl kein sichtbarer, technisch meßbarer und feststellbarer Krankheitserreger vorhanden ist. Die Killerzellen des körpereigenen Immunsystems treten meines Erachtens nicht grundlos auf den Plan, sie übernehmen die Abwehr, die auf der spirituellen Ebene nicht funktioniert bzw. ins Blinde geht. Die Menschen sind blind für die tatsächliche, unsichtbare Gefahr. Das körpereigene Immunsystem ist eng an das spirituelle Immunsystem gekoppelt und reagiert als zweite Instanz. Weil der wirkliche Feind nicht erkannt und benannt wird, kann man ihm auch nicht gezielt begegnen.

Von der Kommandozentrale der Gesamtabwehr wird Alarm gemeldet: Alle Abwehrkräfte, sowohl die spirituellen als auch die körperlichen, werden mobilisiert. Auf der spirituellen Ebene versagt die Abwehr. Warum? Weil der Feind nicht erkannt, benannt und damit ausgeschaltet werden kann. Es mangelt allen an der Erkenntnis von Gut und Böse. Es gibt keinerlei ernstzunehmende Informationen über die feindlichen Kräfte, Mächte und personalen Wesen der spirituellen Sphäre. Versagt das spirituelle Immunsystem, dann übernimmt das körpereigene die Aufgabe der Abwehr und mobilisiert Killerzellen, die jedoch ebenfalls blindlings agieren, denn da gibt es keine physischen Krankheitserreger — der Feind befindet sich nicht auf ihrer Ebene. Da der Alarmzustand weiter besteht, weil die Gefahr ja nicht gebannt ist und der Befehl „Abwehr" von der Kommandozentrale des Organismus weiterhin und in verstärkter Weise ausgesendet wird, entsteht jenes Phänomen, das den Ärzten ein ebenso großes Rätsel ist: Die Killerzellen richten ihren Abwehrkampf gegen die eigenen gesunden Zellen. Anarchie (Gesetzlosigkeit), chaotische Zustände und schließlich totaler Zusammenbruch des Gesamtimmunsystems sind die Folge. Was auf der Körperebene im physischen Immunsystem passiert, hat auf der seelisch-geistigen Ebene seine Entsprechung. Depression ist eine nach innen gerichtete Aggression. Statt nach dem Motto: „Mach kaputt, was dich kaputt macht" — das Leitmotiv des selbsttätig funktionierenden Immunsystems — zu funktionieren, tritt Selbstzerstörung ein. Auf die bemerkenswerte Tatsache, daß in erster Linie junge und leistungsstarke Menschen und davon überwiegend Frauen betroffen sind, werde ich später noch eingehen.

„Elektrostreß und Elektrosmog"
In derselben Gesundheitszeitung fand ich einen Artikel zum Thema „Elektrostreß durch Elektrosmog". Untersuchungen sollen ergeben haben, daß Menschen krankhafte Symptome zeigen, die in der Nähe von Hochspan-

nungsleitungen und in Häusern wohnen, die neben den üblichen Elektrogeräten noch zusätzlich mit Leuchtstoffröhren, Fernsehgeräten, Computern, elektronischen Geräten und Verkabelungen bestückt sind. Die häufigsten Symptome reichen jedenfalls von „Kopf- und Augenschmerzen, Schläfrigkeit, Kribbeln und Zittern, Überempfindlichkeit gegen Geräusche und Gerüche bis hin zu unkontrolliertem Auftreten von Hitze und Frösteln, Schwindel und Ängsten". Experimente deuten klar darauf hin, daß „elektrische, magnetische und elektromagnetische Felder deutlich biologische Wirkungen auslösen". Daß Röntgenstrahlen und Mikrowellen den Organismus schädigen können, ist hinlänglich bekannt. Daß es so lange dauerte, bis die gesundheitsschädigenden Wirkungen der künstlich erzeugten Elektrizität und Elektronik festgestellt wurden, wird damit erklärt, „daß der menschliche Organismus kein Sinnesorgan besitzt, um elektrischen Strom, elektrische und magnetische Felder zu erkennen", las ich.
Nun habe ich in meinem Wohnbereich außer ein paar Glühbirnen, einem Cassettenrecorder, der selten, und einem E-Herd, der fast nie in Betrieb ist, keine Elektrogeräte. Ich wohne auch nicht in der Nähe einer Starkstromleitung. Dasselbe gilt für die meisten meiner Freundinnen. Die in diesem Artikel geschilderten Symptome sind jedoch dieselben, unter denen auch wir zu leiden hatten. An den Elektrogeräten und deren elektromagnetischen Strahlungen alleine kann es also nicht liegen.
Ich betrachte diesen Artikel als einen weiteren, neueren und durchaus löblichen Versuch, den Feind ausfindig zu machen, nur daß er am Wesentlichen vorbei zielt. Er entspricht der Mobilmachung der Killerzellen, die gegen spirituelle Feinde nichts ausrichten können. Der Effekt ist, daß der Hauptkriegsschauplatz unerkannt bleibt, weil der Nebenschauplatz, auf dem sich die Symptome äußern, verantwortlich gemacht wird. Der Hauptaggressor bleibt unerkannt.
Der im Artikel vertretenen Meinung, der menschliche

Organismus besäße kein Sinnesorgan, um elektrische und elektromagnetische Felder zu erkennen, möchte ich entgegenhalten, daß nicht nur gewisse Tiere, sondern auch Menschen ein spezielles Lichtsinnorgan zum Hellsehen besitzen. Die Fähigkeit zum Hellsehen geht auf die Funktion einer intakten Zirbeldrüse zurück. Glücklicherweise ist sie nicht bei allen Menschen verkümmert; glücklicherweise ist sie durch Übung wieder reaktivierbar.

Eustreß und Distreß

Klaus, ein befreundeter angehender Arzt, erzählte mir, die Schulmedizin unterscheide zwischen Eustreß und Distreß. Eustreß[1] ist die Folge einer Anstrengung, die zwar Müdigkeit hervorruft, aber da die Anstrengung sinn-voll war, weil sie einen guten Sinn hatte, ein Gefühl von Glück, Fröhlichkeit und Zufriedenheit erzeugt. Ich kenne diese angenehme Müdigkeit, wenn ich nach einer stundenlangen Bergtour endlich den Gipfel erreicht habe, und ich kenne diese zufriedene, glückliche Erschöpfung, wenn ich abends mit schlotternden Knien in die Hütte schlurfe und „todmüde“ ins Bett falle. Ebenso geht es mir nach stundenlanger geistiger Arbeit. Habe ich mein Bestes gegeben und bin ich zufrieden mit dem Ergebnis, dann bin ich zwar müde, ja sogar erschöpft, aber glücklich. Mein Körper fällt schwer ins Bett, meine Seele ist erleichtert. Leicht wie sie ist, kann sie sich wieder ausdehnen und sich wieder Kraft (er-)holen.

Eustreß ist das Ergebnis einer geglückten, sinnvollen Aktion, die zwar den Körper schwer, aber die Seele leicht macht.

Ganz anders wirkt sich die Müdigkeit des Distreß[2] aus. „Distreß ist ein generelles Reaktionsmuster, das Tiere und Menschen als Antwort auf sinnlose, seelisch unbefriedigende Beanspruchungen zeigen.“ Allgemein bekannt

---

[1] griech. eu- = „Gut, wohl“; bezeichnet Vollkommenheit und Leichtausführbarkeit

[2] engl. distress = „Qual, Erschöpfung“

sind Überforderungen durch extreme Hitze oder Kälte, Lärm, Überarbeitung, chemische Schadstoffe und psychische Überbelastungen, die durch Isolation, Prüfungen, Beziehungskrisen usw. hervorgerufen werden. In allen Fällen treten ähnliche Symptome auf wie die auf den letzten Seiten beschriebenen. Von spirituellem Streß weiß die Schulmedizin nichts. Wahrscheinlich deshalb, weil die Streßfaktoren unbekannter Natur sind, weil die Stressoren unsichtbar wirken und bislang unerkannt geblieben sind. Jedenfalls habe ich noch nie von Krankheiten als Folge eines angegriffenen oder zusammengebrochenen spirituellen Immunsystems gehört oder gelesen.

Schwer ist nicht gleich schwer

Jeder kennt den Unterschied zwischen körperlicher und seelischer Schwere. Um die Seele leicht zu machen und aus der Umklammerung des Körpers zu befreien, suggerieren sich Menschen im autogenen Training Körperschwere: „Mein rechter Arm ist schwer . . ." Jeder Meditierende weiß, daß er den Körper der Schwerkraft der Erde überlassen und damit irdische Gedankenschwere und seelische Belastung abstreifen muß, um den gewünschten Gleichmut in sich zu finden.

Das unterschiedliche seelische Empfinden bei Eustreß und Distreß entspricht einer weiteren und durchaus bemerkenswerten Doppelbedeutung des Wortes „schwer".

Den gravierenden Unterschied zwischen einer guten und einer unguten Schwere, der in der deutschen Sprache untergegangen ist, kann man an den entsprechenden Fremdwörtern noch ablesen.

Sowohl das lateinische „gravis" als auch das griech. „baros" heißt „schwer". Doch welch ein Unterschied! Eine Frau ist gravid, „schwanger", wenn sie eine Leibesfrucht trägt. „Gravid" bedeutet jene konzentrierte, dichte, fruchtbare Schwere, die Vorstufe jeder Geburt, die mit

der Gravitation (=Schwerkraft) von Erde und Mond zusammenhängt.
Das griech. Wort baros „schwer" ist identisch mit der deutschen Silbe „bar-" und bedeutet eigentlich „bloß, unbedeckt, nackt, offenkundig deutlich, frei von, sofort verfügbar"; es beschreibt eine offensichtliche Seelenlast.
Diese ungute Art von Schwere meint schwerwiegende Fehler, die in den Genen der Seele eingespeichert sind und die sich jede Person von Geburt zu Wiedergeburt selbst vererbt. Schwerwiegende Erbfehler, die durch stetige Wiederholung zum Erbprogramm werden, sind als Blößen und Nacktstellen in der Aura offenkundig und für spirituelle Augen deutlich sichtbar. An diesen Fehlerstellen der Seele sind wir „frei von" Schutz, hier kann angesteckt, an diesen Schwer-Punkten können wir angegriffen werden. Wie wir subjektiv diese ungute Schwere empfinden, wird umgangssprachlich deutlich: Etwas ist „so schwer" und macht uns das Leben und das Herz schwer. Die Gewissenslast drückt. Das Leben wird zur Last. . . Wie gut, wenn man das Gewissen entlastet, wenn die Zentnerlast vom Herzen fällt und man sich danach wieder leichter fühlen kann.
Die Seele, bar einer lückenlosen, in sich geschlossenen Rundum-Ausstrahlung, wird für angreifende Schmarotzer sofort verfügbar. Die furchtbare Schwere der Gewissenslast bietet ihnen die Blößen, an denen sie landen und einschlüpfen können. Die fruchtbare, gravide Schwere unseres Wesenskerns macht uns begehrenswert für schmarotzende Spirits. (Da ist was zu holen!)

ENG! STARR! SCHWER!

„Man kann das Leben schwerlich zu leicht nehmen,
aber leicht zu schwer."
(Kurt Goetz)

Aus dem von mir zitierten Artikel, der sich immerhin auf seriöse, langjährige Untersuchungen vieler Personen stützt, geht hervor, daß die von dieser rätselhaften Müdigkeits-Krankheit Betroffenen organisch gesund und besonders „leistungsstark" (gravid) sind und daß überwiegend Frauen davon betroffen sind.
Fragte mich jemand, was die gemeinsamen Merkmale unseres „Kreises" sind, käme ich zu einem ähnlichen Eigenschaftskatalog. Wir sind Frauen, jung im Sinne von unverbraucht, seelisch-geistig-organisch gesund und leistungsstark. Allerdings sind wir im ursprünglichen und eigentlichen Sinn des Wortes „leisten" stark. Ahd. „leisten" heißt „befolgen, nachkommen, erfüllen, ausführen, tun". Das dazugehörige Hauptwort „Leisten" heißt „Spur, Fußabdruck". Im Unterschied zum herrschenden Leistungsbegriff leisten wir uns den Luxus, anstelle von Fronarbeit im Dienste des Patriarchats Seelenarbeit zu leisten. Wir befolgen nicht die Befehle der Herren, sondern sind bestrebt, der Spur jener, die uns in Vollkommenheit und Würde vorausgegangen sind, zu folgen. Wir folgen der SPUR, indem wir sie SPÜREN. Wir begreifen uns als „Nachkommen der Schlange", welche uns seit dem Beginn der Zeiten begleitet, führt, schützt und uns nicht nur einmal den guten Rat gegeben hat, sondern immer und immer wieder darauf besteht: „Kinder, nehmt Kenntnis von Gut und Böse." Wir bemühen uns, unsere Pflicht uns selbst gegenüber zu erfüllen, indem wir das, was wir als richtig und gut erkennen, in die Tat umsetzen und das, was uns schadet, seinzulassen. In unserem Umgang mit unfruchtbaren, vor allem mit giftigen Menschen sind wir äußerst wachsam.

Wir sind fast alle Freiberuflerinnen, arm an materiellen Gütern, jedoch reich, was innere Schätze betrifft. So leben wir zwar leistungs- und wachstumsorientiert, aber da nicht Wirtschaftswachstum, sondern Seelenwachstum unser gemeinsames und vorrangiges Ziel ist, kann ich die üblichen Streßfaktoren wie Arbeits-, Prüfungs- und sonstigen Leistungsstreß ausschließen. Der zitierte Elektrostreß ist unbedeutend. Nicht einmal der allerorts übliche Beziehungsstreß spielt eine erhebliche Rolle, weil wir es gewohnt sind, auf offene und ehrliche Weise unsere Beziehungen zu klären und stets reinen Tisch zu machen. Was dann? Warum geht es uns bisweilen so schlecht — wie gehen wir schlecht? Warum wir? Warum sind auch oder gerade wir das Angriffsziel von spirituellen Schmarotzern? Und — warum werden wir nicht beschützt? Mit diesen und ähnlichen Fragen kreiste ich das Problem ein und versuchte, es auf den Punkt zu bringen. Auf der Suche nach den uns gemeinsamen Vorzügen und Schwachpunkten kam ich zu folgendem Ergebnis:
Jede von uns ist eine selbständige, eigenverantwortliche, energische, eigenwillige, eigenmächtige und eigensinnige Persönlichkeit und verfügt über eine klare Identität mit vielen Eigenschaften und Fähigkeiten. Das bedeutet, daß jede von uns einen intakten, fruchtbar-schweren Seele-Geistkern hat. Jede von uns ist auf ihre Weise schöpferisch. Vor allem schöpft jede die Lebensenergie, die sie für sich braucht, aus und durch sich selbst.
Die Wachheit, mit der wir wahrnehmen, die Fähigkeit zur Erkenntnis von Gut und Böse, unser Unterscheidungsvermögen und unsere Entschiedenheit sind unsere hervorragenden Vorzüge. Gleichzeitig scheint uns dieser Vorteil aber auch zum Nachteil zu gereichen. Warum? Wer nicht wie die drei berühmten Affen blind, taub und stumm durchs Leben geht, sondern noch fühlen kann und mit Herz und Verstand wahrnimmt, könnte angesichts der Gefahren, die uns allseits umgeben und auf allen Ebenen des Lebens lauern, in Angst und Panik geraten.

Und tatsächlich: Schmerz und Trauer über die vielen Tode um uns herum, Angst, Verzweiflung und punktuelle Resignationsanfälle über die täglich wachsende Zerstörung und die scheinbare Ausweglosigkeit, der Vernichtungsmaschinerie heil zu entkommen, erzeugen in vielen von uns . . . — ja, was denn? — Streß! Seelen-Streß. Distreß schwächt und gefährdet bekanntlich das Immunsystem am allermeisten.

Abgesehen von den ganz individuellen Fehlern, Schwächen, Unvollkommenheiten, selbstschädigenden Gewohnheiten und Neigungen, die uns bewußt sind und die wir zu korrigieren bemüht sind, leiden wir alle immer wieder unter Seelenstreß, der sich in ähnlicher Weise äußert. Um es kurz zu machen: Diese uns allen gemeinsamen Streßauswirkungen lassen sich in drei Worten zusammenfassen: Eng! Starr! Schwer!
Wir sind alle mehr oder weniger eng. Unser Bewußtsein ist immer wieder viel zu eng, um den inneren Kontakt mit jenen fernen Sphären aufrechtzuerhalten, von wo wir auf Hilfe hoffen können. Wir sind dann viel zu wenig ausgedehnt, unsere Strahlkraft reicht nicht so weit, um mit dem Ätherreich, dem Aufenthaltsort der reinen Geister, in Berührung zu kommen.
„Nach altgriechischer Vorstellung bestand der Luftraum über der Erde aus zwei verschiedenen Luftzonen, aus einer unteren Schicht, die durch neblig-wolkige dicke Luft gekennzeichnet ist (griech. aer), und aus einer himmelfernen äußeren feinen und klaren Luftzone, die zugleich als Wohnsitz der Götter galt. Diese letztere heißt Firmament, mit dem sie identifiziert ist; griech. aither, das Glühende, Brennende'".
Das entsprechende lateinische firmamentum „Befestigungsmittel, Stütze, Stärke" setzt sich aus firmo „fest, stark machen, decken, sichern, ermutigen; bekräftigen, bestätigen, beglaubigen; fest, beharrlich, standhaft; zuverlässig, sicher, treu" und lat. mens „Geist; Denkart, Sinnesart, Gemüt; Erinnerung, Absicht" zusammen. (Vergleiche

griech. men „Mond“ und lat. mensis „Monatsfluß, Mondblut“.)
Etwas ganz Wichtiges hat viele, viele Namen und sie müssen alle genannt werden, damit sich ihre Kraft entfalten kann. Für unser aller Überleben ist dieses die Erde umgebende Energie- und Bewußtseinsfeld von überragender Bedeutung.
Der Volksmund spricht vom siebten Himmel. Von den Alten Griechen, den matriarchalen Ureinwohnern Griechenlands, wurde Äther oder Firmament poetisch okeanós „weltumgürtende Schlange“ genannt. Vor der Existenz des Apostels Johannes war diese Sphäre als der Sitz von Logos im Sinne von „das Wort der Mütter von oben“ benannt. Prosaisch ausgedrückt ist Logos Emanation.[1]
Nach der Lehre der Gnostiker bewirkt das Firmament „das (stufenweise) Hervorgehen des Unvollkommenen (Welt) aus dem Vollkommenen (die Göttlichen). Bei den Afrikanern (Bantu) ist Logos „das Treibende, das allen Kräften Leben und Wirksamkeit gibt; die geistige Lebenskraft, welche alle schlafenden Kräfte weckt“. Die Afrikanischen Dogon sagen dazu Nommo = „die zusammengefaßte Schöpfung“. Sie betonen, daß die Nommo-Linie „die mütterliche Linie“ ist.[2] Nach C. G. Jung ist diese Sphäre der Bereich der Archetypen (Große Mütter) und der Menschenkeime in ihrem prähistorischen Zustand.
Von griech. noos „Sinn, Besinnung, Denkkraft, Vernunft, Geist, Einsicht, Klugheit, Gemüt, Herz, Gesinnung . . .“ stammt eine weitere Bezeichnung: Noosphäre. Das ägyptische Äquivalent lautet Nuu „das kosmische Urwasser“. Das Sanskrit-Wort Akasha „Raum-Äther“ ist laut Blavatsky „die ursprüngliche Substanz, himmlische Jungfrau und Mutter jeder existierenden Form und Wesenheit“.

---

1 lat. emanatio = „Ausfluß, Aussendung, Ausstrahlung“. Emanationen = „Das Hervorgehen aller Dinge aus dem unveränderlichen, vollkommenen göttlichen Einen“ und „Ausstrahlung psychischer Energie“

2 griech. nomos = „Gesetz, Ordnung“, afrikanisch Nommo von nom = „Sonne“ und mo = „Mond“

Teilhard nennt diese Sphäre „denkende Schicht, die sich durch die Ausstrahlung des Homo sapiens wie ein Film um den Globus legt" — doch das ist eine überhebliche, einseitige Darstellung. In Wahrheit besteht dieses ätherische Gewebe aus der Vereinigung himmlischer und irdischer reiner Geister. Die Meteorologie nennt diese Randzone, die sich um die Erde wölbt, die Heaviside-Schicht. Dort findet ein starker, überaus fruchtbar-schwerer Austausch-, Verschmelzungs- und Energieübertragungsprozeß — Ionisierung genannt — statt. Nach ihrem jüngsten „Entdecker" wird diese himmelsferne Sphäre auch Van-Allen-Gürtel genannt. „Dieser Gürtel besteht aus zwei vorwiegend mit Elektronen und Protonen gefüllten Schutzschalen, welche die Erde gegen die harte kosmische Strahlung schützen. In ihnen werden die elektrisch geladenen Teilchen dieser Strahlung vom Magnetfeld der Erde eingefangen und so verdichtet, daß die für das Leben schädlichen Strahlungen wie an einer Mauer abprallen. Das Magnetfeld ist an den Polen offen. Bei einem Polsprung erfolgt ein kurzfristiger Zusammenbruch mit Folgen, wie sie dem Jüngsten Gericht entsprechen. Danach baut sich das Magnetfeld langsam wieder auf."
Da der magnetische Schutzgürtel in den letzten Jahren deutlich schwächer geworden ist, wird auch von den Meteorologen befürchtet, daß dadurch der biologisch so wichtige Schutz vor der harten Weltraumstrahlung wegfällt und über kurz oder lang vollends zusammenbricht.
Wie gebannt auf die zunehmende Zerstörung blickend und den Horrormeldungen lauschend, haben wir keinen Sinn frei für das Schöne und Gute in und um uns. Besetzt vom Gedanken, wir wären den Gefahren nicht gewachsen, können keine Hoffnungsgedanken aufkeimen. Unser Bewußtsein ist dergestalt eng an die strömenden Störfelder, bestehend aus „Licht der Finsternis", gebunden, daß wir Angst bekommen. Wir finden keinen Zugang zu dem universellen Liebesstrom des Äther, weil uns unsere Enge daran hindert, uns auszudehnen. Der

verhinderte Anschluß und somit die Teilhabe am Ätherreich sind Ursache UND Wirkung für diese Enge. Das bedeutet, daß wir den großen Zusammenhang nicht wahrhaben, daß wir über die eigene Nasenspitze nicht hinaussehen, daß unser Horizont begrenzt ist, daß wir Angst haben, „es“ könnte uns erwischen und wir könnten „es“ nicht schaffen.
Unsere Engstirnigkeit und Herzensangst führen zu einer Art seelisch-geistiger Leichenstarre. Aus Angst, (wieder) etwas falsch zu machen, aus Angst vor der ganzen Wahrheit, die uns das gesamte Ausmaß der Zerstörung und unseren eigenen Beitrag dazu vor das innere Auge führt, aus Angst vor dem dumpfen Entsetzen und der hoffnungslosen Traurigkeit betäuben wir unsere Sinne und stellen uns dumm, unbedarft und harmlos. Wie Käfer, die durch Totstellen hoffen, mit dem Leben davonzukommen, verharren wir im Zustand der Unbeweglichkeit und totalen Regungslosigkeit. Kein Schritt vor — das könnte gefährlich sein. Kein Schritt zurück — wir wollen nicht in alte, unfruchtbare Verhaltensmuster zurückfallen. Auf diese Weise werden wir nicht nur jeder Risikofreudigkeit, sondern überhaupt jeglicher Freude verlustig.
Das Lernen durch Versuch und Irrtum, die so wichtige Flexibilität (Bestandteil jeglicher Kreativität), geht uns auf diese Weise verloren. Eingestöpselt in einer Glasglocke, eindrucks- und ausdruckslos „sterben“ wir langsam ab.[1]
Mit der mangelnden Offenheit sich selbst und den Freundinnen gegenüber und mit der daraus folgenden Ausgrenzung der Vielfalt an Lernmöglichkeiten und Widersprüchlichkeiten wird unser Wissen zum versteinerten, unlebendigen Dogmatismus — am Ideal orientiert. Zum ideologischen Anspruch, dem wir nie gerecht werden können. Mit der seelischen Enge, Kleinmütigkeit, Hoffnungslosigkeit und Starre ist es unmöglich, sich an den universellen Liebesenergiestrom anzuschließen. Damit kann uns auch all das, was das Firmament zu bieten hat —

[1] sterben heißt eigentlich „starren“

Ermutigung, Bekräftigung, Beglaubigung . . . — nicht zuteil werden. Eine unfruchtbare Schwere, die wir im harmlosen Fall als Niedergedrücktheit, in schweren Fällen als Depression erleben, ist das Ergebnis dieses Schmorens im eigenen Saft. Wir nehmen alles, was uns zustößt, oft furchtbar schwer. Wir nehmen uns alle schlimmen Ereignisse — bei Gott! die gibt es, die nehmen in ungeheurem Ausmaß zu — zu Herzen. Wir nehmen die kleinen und großen Katastrophen zu tragisch. Es drückt uns das Herz ab („es drückt der Schuh"), und somit ist das Lebenliebenlernen dann kein Kinderspiel mehr, sondern eine schwere Angelegenheit, die Mühe bereitet und eine Plage ist. „Es" ist so schwer, sagen wir und tun die Aufforderung zum „Take it easy" mit der Bemerkung, nichts auf die leichte Schulter nehmen zu wollen, als sträflichen Leichtsinn ab. Als ob ein leichter Sinn, überhaupt Leichtigkeit, aus dem Blickwinkel eines weiten Bewußtseins sträflich wäre. Die Schwermut wirkt im Gemüt wie die Ozonlöcher in der Atmosphäre und die schwarzen Löcher im Weltall. Starre und Schwere im Bewußtsein behindern unsere Ausstrahlung, die gleich dem Magnetfeld der Erde unser persönlicher Schutz und Schirm wäre. In dem Ausmaß, in dem das echte (Selbst-)Bewußtsein der Menschen abnimmt und das falsche Ich-Bewußtsein zunimmt, reduziert sich die Feldstärke des schützenden Erdmagnetfeldes bzw. werden feindliche Teilchen, „harte Strahlung", aus dem Kosmos eingelassen und somit wirksam. Es ist viel zu kurzsichtig und wieder nur materialistisch gedacht, die Ursache der Ozonlöcher auf (materielle) Umweltsünden zu beschränken und die „Sünden wider den Geist" außer acht zu lassen. Die Löcher im Bewußtsein der Menschen sind Innenweltsünden. Diese Löcher in der eigenen Schutzschicht sind die größten Fehler, denn sie sind die Einfallstore für jene Geister, die sich individuell in den Niederungen menschlichen Geistes und kollektiv in den Niederungen der Atmosphäre bewegen. Im Unterschied zu den reinen Geistern, (Merkmal: ätherisches, d.h. allerfeinstes Brennen und Glühen) die sich in

der „äußerst feinen klaren Luftzone" des Äthers oder Firmaments befinden, halten sich dämonische Dreckskerle (Merkmal: schwefelig-rauchig-rußige Ausdünstung) in der untersten Schicht der Erdatmosphäre auf, der Troposphäre, welche ihrerseits durch „neblig-wolkige dicke Luft" gekennzeichnet ist. Die dicke Luft ist das Ausstrahlungsprodukt der vereinigten irdischen und außerirdischen unreinen Geister. In der Troposphäre spielt sich das ganze Wettergeschehen ab.
Bekanntlich sinkt im Wasser und in der Luft alles Schwere zu Boden. Der Bodensatz, bestehend aus Staub- und Rußpartikelchen, überhaupt alle Verbrennungsrückstände hängen konzentriert als Dunstglocke über den Ballungszentren der materiell-irdischen Dreckproduzenten im seelischen, geistigen und mentalen Bereich. Dieser zu einer Dunstglocke zusammengeballte seelisch-geistig-mentale Dreck ist es, was wir als Störfelder und Finsterwolke erleben. Dies ist es, was nach uns greift, uns zu erfassen, einzuschließen und zu vereinnahmen droht. Und, so schmerzlich das Eingeständnis auch ist: Wir sind selbst daran schuld.
Enge zieht Enges an, Starre zieht Starres an. Fruchtlose, furchtbare Schwere zieht fruchtlose, furchtbare Schwere an. Irdische Enge, Starre und Schwere vereinigen sich mit außerirdischer Enge, Starre und Schwere. Sie potenzieren sich gemäß dem Gravitationsgesetz, wonach sich zwei Massen gegenseitig anziehen und die daraus entstehende Kraft „direkt proportional zu dem Produkt beider Massen und umgekehrt proportional dem Quadrat ihrer Entfernung" steht.

ENERGIERAUB

„Wer einen Fehler gemacht hat und ihn nicht korrigiert, begeht einen zweiten."

(Konfuzius)

Nach einem Vortrag saß ich mit der Buchhändlerin, die mich in ihre deutsche Kleinstadt eingeladen hatte, noch in ihrem Wintergarten beisammen. Sie erzählte aus ihrem Leben. Sie sagte, sie fühle sich in ihrer Ehe unverstanden und gefangen, und auch ihr Beruf, von dem sie hoffte, er würde ihr Unabhängigkeit bringen, sei keine Befreiung, sondern ein zusätzliches Mehr an Belastung. Sie sah schlecht aus, obwohl sie noch jung war. Die Fotos, die sie mir zeigte, erschütterten mich: So ein strahlendes Mädchen war sie gewesen – und jetzt . . .
Ihre Lebensschilderung erinnerte mich an einen Abschnitt meines eigenen Lebens. So etwas kannte ich in- und auswendig. Mein Verständnis, meine Offenheit und Einfühlsamkeit kamen ihrem Bedürfnis entgegen, über ein schamvoll verschwiegenes Geheimnis zu sprechen. Sie erzählte mir, daß sie heimliche Alkoholikerin wäre. Sie könnte sich selbst zuschauen, wie sie sich langsam zu Tode söffe. „Ja, wenn ich so viel Kraft hätte wie du, dann würde auch ich meine Kinder an die Hand nehmen und ein neues Leben beginnen, so wie du es von dir in ‚Ich bin ich' beschrieben hast", sagte sie. So aber sei sie zu kraftlos, um ihr Leben ändern zu können. Ich protestierte gegen ihre Resignation und bemühte mich mit Einsatz all meiner Möglichkeiten, sie zu überzeugen, daß wir alle, daß jede Person für sich soviel Energie zu schöpfen vermag, wie sie für ihre Problemlösung und Entwicklung braucht. Was gäbe das für einen Sinn, was wäre das für eine Gerechtigkeit, wenn wir von vornherein nicht die Kraft hätten und bekämen, um unsere Lebenlernaufgaben zu bewältigen und um unseren Lebensweg zu vollenden. „Es wird Gründe für deine Energielosigkeit geben. Vielleicht

machst du einen Fehler, den viele Frauen machen: Du gibst zuviel und achtest nicht darauf, wem du gibst und von wem du WAS oder überhaupt etwas zurück bekommst?"
Nachdem wir stundenlang ihr persönliches Energieproblem im besonderen und die weltweite Energiekrise im allgemeinen durchgesprochen hatten, begab ich mich zu Bett, denn es war immerhin mittlerweile schon ein Uhr morgens.
K. hatte mir das Kinderzimmer ihrer Tochter — ein prächtiges Mädchen — zur Verfügung gestellt. Gute Nacht! GUTE Nacht! (Ich weiß um die Gefährdung in den Nächten und betonte daher absichtsvoll das erste Wort.) Ich war dankbar für dieses „reine" Zimmer. Bei meinen Reisen meide ich die kostspielige Unpersönlichkeit, welche Hotels, Pensionen und Gasthöfe in der Regel an sich haben. Ich nächtige fast immer „privat". Auf diese Weise lerne ich Land und Leute besser kennen und mache so neben der Tagerfahrung auch meine Nachterfahrungen. Meine Erfahrung hat mich gelehrt, daß etwas von dem Fluidum der Person, die das Zimmer vorher benützt hat (oder es bewohnt), darin hängenbleibt, auch wenn sie körperlich nicht (mehr) anwesend ist. Diese von der jeweiligen Person oder den Personen ausströmende Wirkung hängt wie ein unsichtbarer Dunstschleier im Raum, über dem Bett . . . und beeinflußt meinen Schlaf. Ich habe Schwierigkeiten, in einem spirituell unordentlichen, unreinen Zimmer gut einzuschlafen.
Diesmal hatte ich ein „reines" Zimmer und fand doch keine Ruhe. Es ging mir so, wie ich es aus meiner schlimmsten Zeit kenne, in der ich manchmal glaubte, sterben zu müssen, weil ich des Morgens erschöpfter aufwachte, als ich mich des Abends zu Bett gelegt hatte. Wieder einmal bedrängten mich Gedankenstürme, die sich nicht stoppen ließen; Bilder, die ich nirgendwo einordnen konnte; und das Allerschlimmste: Wie an einem Blutspendegerät angeschlossen, fühlte ich meinen Lebenssaft ausrinnen. Alles, was ich in dieser Nacht unternahm, um mir einen

ruhigen, gesegneten Schlaf (der Gerechten) zu sichern, blieb wirkungslos.
Ich lag da wie unter Strom. Auf ungute Weise vibrierend, wie von kleinen Stromstößen durchzuckt, wurde ich immer unruhiger, fühlte mich gequält, bekam Angst. Das geht doch nicht mit rechten Dingen zu! Im Morgengrauen fiel ich endlich in einen oberflächlichen Schlaf.
Beim Frühstück fragte mich K., wie ich geschlafen hätte. Ich antwortete mit einer Gegenfrage: „Wie hast DU geschlafen?" „Sehr gut", sagte sie, blickte mich munter an und fügte im fröhlichen Plauderton hinzu: „Weißt du, gestern abend, als du schon zu Bett gegangen warst, blieb ich noch nachdenklich im Wintergarten sitzen. Da kam mir plötzlich die Idee, ich bräuchte mich nur auf dich zu konzentrieren und dich um Energie zu bitten . . ." „Und —hat's funktioniert?" „Ja! Ich habe schon lange nicht mehr so gut geschlafen wie heute nacht."
Fürs erste entschlüpfte mir ein erschrockenes: „Das ist gemein!" — Die Frau ist nicht böse; auch ich bin ihr nicht böse. Hätte sie in böser Absicht gehandelt, so hätte sie mir von ihrem plötzlichen Einfall und dem Experiment, sich von mir Energie zu holen, nichts erzählt.
Wer immer ihr diese Idee eingegeben haben mag und wo immer sie anfällig sein mag, so daß Einfälle dieser Art bei ihr greifen und Fuß fassen können: Das durfte mich nicht interessieren, mit dem wollte ich mich auch nicht beschäftigen — das war ihre Sache. Danach, als ich einen ausgedehnten Spaziergang machte, mich zu einem abgelegenen See schleppte, dort am Wasser saß und verzweifelt weinte, versuchte ich herauszufinden, was mich sehr wohl interessierte und zu beschäftigen hatte: was MEIN Beitrag an diesem neuerlichen nächtlichen Energieabfall gewesen ist. Wofür bin ich anfällig? Was sind meine Angriffsflächen? Was meine Schwächen? Für was, für wen habe ich ein faible[1]?

---

[1] engl. faible = „Schwäche"

Ich habe generell eine Schwäche für Frauen der Art von K. Im besonderen haben es mir fragende, (hilfe)suchende, offene Frauen „angetan“. Immer wieder falle ich auf dieselben Muster herein. In jener Nacht war es wieder so gewesen. Dieser Schwach-Punkt macht mich punktuell anfällig. Die Schwäche lag bei mir.
Da es Zeit war, mich gründlich mit diesem leidigen Thema „Energieverlust“ auseinanderzusetzen, fragte ich weiter: Womit gefährde ich den so oft gefaßten Vorsatz, meinen Energiehaushalt dadurch in Ordnung zu halten, indem ich nicht mehr gebe, als ich „übrig“ habe und mich damit nicht unnötig verausgabe?
O Weh, die alte Leier (Ich weiß es, sollte/müßte und könnte wissen, vergesse es aber immer wieder. Es ist mein ohnehin bekanntes Muster – eingebrannt in meinen Genen, eingeritzt in mein Hirn – wie ein Naturgesetz fühlt es sich an. Zur „zweiten Natur“ ist es mir geworden. Gewohnheitsmäßig wiederhole ich die alten Fehler. Diese Gewohnheit hat Macht über mich – es ist die Macht der Gewohnheit!):
1) Ich bin grundsätzlich ZU offen.
2) Ich bin offen, ohne genau zu prüfen, für wen und wie lange.
3) Ich bin anfällig für Lobreden, die mich zu bestätigen scheinen, in Wahrheit aber subtile Schmeicheleien sind.
4) Ich übergehe mein inneres Gespür, das mich ohnehin warnt, und glaube im Zweifel meinen Gesprächspartnern aufs Wort statt deren Körperzeichen und Lebenspraxis, die ehrlicher und deutlicher Auskunft geben. Die Worte scheinen mich, meinen Standpunkt und meine Werte zu bestätigen; die Lebensführung widerspricht oft den Worten. Ich glaube im Zweifel anderen mehr als meiner inneren Stimme.
5) Ich überschätze meine persönliche Macht und die Wirkung meines Einflusses: Ich kann nichts für einen anderen, was dieser selbst nicht will.

6) Ich versuche stets, mit meiner Energie zu helfen und übersehe dabei die anderen Möglichkeiten der Hilfe.

An diesem Abend hatte ich versäumt, mich rechtzeitig gegen K. abzugrenzen. Ich hatte sie, das heißt ihren Geist, mit ins Bett, mit in den Schlaf genommen. Das emotionale Band, in den Stunden unseres Zusammenseins aus gutem Grund und zu Recht geknüpft – ich hätte es mit ebenso gutem Recht und aus ebenso guten Gründen rechtzeitig lösen sollen. Durch den Draht, den ich zu ihr aufrecht hielt, konnte sie meiner Energie habhaft werden.

WAHNSINN

„Der Weg der neueren Menschheit geht von der Humanität durch die Nationalität zur Bestialität."

(Franz Grillparzer)

Renate machte mich darauf aufmerksam, daß in der bisherigen Darstellung der Eindruck entstehen könnte, nur ganz potente Personen, leistungsstarke junge Menschen und vorwiegend Frauen wären Angriffsziel. Man würde fragen, was mit jenen Menschen ist, die doch die normale Mehrheit oder die mehrheitliche Normalität darstellen? Wenn ich mich bei meinen Erzählungen nur auf die Minderheit meiner Bezugspersonen bezöge, könnte der falsche Schluß gezogen werden, der wirksamste Schutz vor spirituellen Angreifern wäre ein möglichst unauffälliges Leben, angepaßt an die Mehrheits-Norm. Meine schnelle Antwort war: Aber genau das ist doch unter dem geflügelten Wort „der ganz normale Wahnsinn" ohnehin bekannt — das weiß man doch.
Darauf sagte sie mit Recht, daß so eine Behauptung nicht unwidersprochen bleiben und mir als Anmaßung ausgelegt werden würde; ich müsse mich genauer und differenzierter erklären:

Der normale Wahnsinn oder die wahnsinnige Norm
Die herrschende Psychologie befaßt sich, was das Seelenleben angeht, nur mit kranken Menschen. Der heile/ganze Mensch ist auch heute kaum bis nie Gegenstand von Forschung und Untersuchung. Weil es ihn nicht mehr oder noch nicht gibt? Als krank gilt, wer nicht der herrschenden Norm entspricht. Wirklich krank ist, wer an der Norm zerbricht!
Als normal gilt, wer vom Durchschnitt nicht abweicht. Lat. norma heißt „Winkelmaß, Richtschnur, Regel, Vorschrift". Menschen, zurechtgebogen zu einem gekrümmten, gebogenen Maß und nach Vorschrift funktionierend,

werden zur Regel und damit zur Richtschnur für alle erhoben — sie stellen die sogenannte Normalität dar. Doch Normalität ist nicht Gesundheit. Die Normalen sind alles andere als ganz und heil. Daher ist mein Ziel nicht die herrschende Normalität. Heil[1] will ich sein. Heil sein heißt ganz sein. Ganz ist, wessen Seele-Geistkern ungeteilt ist, wer ein Bewußtsein von der Vielfalt seiner Eigenschaften, von seiner Einzigartigkeit, seiner spezifischen Individualität besitzt und dieses Selbst-Bewußtsein ichbewußt[2] ausdrücken kann.

Kerngesund ist, wessen Seele-Geistkern ungespalten, also intakt, kompakt — kurz: ganz ist. Gesunde Menschen sind Individuen, sind Persönlichkeiten. Sie sind unabhängig, verfügen über einen eigenen vierdimensionalen Stoffwechsel, was bedeutet, daß sie ihre Lebensenergie selbst schöpfen, daß sie sich regenerieren können, daß sie aufrecht gehen (aufrichtig sind!) und daß sie die Liebe und sich selbst liebend mehren können. Sie sind in sich ungeteilt und finden, vom Selbst zum Ich und vom Ich zum Selbst schweifend, die bewegliche Mitte zwischen den Polen der eigenen inneren Natur und der äußeren Natur (Umwelt genannt) und dadurch auch das richtige Maß für ihr Verhalten.

Heilen kann sich, wer durch sein Selbst den heilen Kräften des Kosmos gegenüber offen ist, sein Ich-Bewußtsein aus dem Selbst-Bewußtsein bezieht und seinen Glauben, sein Denken, Fühlen und Handeln entschieden und eindeutig darauf ausrichtet.

Leider wurde das o. g. Winkelmaß zum Maß der Personen und Dinge, und so behaupte ich, daß der Durchschnitt der gegenwärtig existierenden Menschen in sich gespalten, verrückt, irre und wahnsinnig ist und beeile mich, dies rasch näher zu erklären.

---

[1] heil = „ganz, vollständig, gesund, unversehrt; gerettet; frisch, ungeschwächt; groß, bedeutend"

[2] Ich beziehe mich im folgenden auf meine Unterscheidung zwischen „Selbst" und „Ich" in „Leben lieben — Liebe leben", Seite 42

Wer Gut (nützlich) und Böse (schädlich) nicht unterscheiden kann und sich statt an die Werte, Gesetze und Normen der Natur an die Werte, Gesetze und Normen der Zivilisation bindet, muß irre werden, da letztere den Naturgesetzen in den meisten Bereichen total entgegengesetzt sind. Die Informationen der Zivilisation sind konträr zu den Informationen der Natur. Doppelinformationen neurotisieren.
Verrückt ist, wer sich von der beweglichen Mitte zwischen Selbst und Ich auf einen Pol verrückt und sich somit mehr oder weniger in die Innerlichkeit flüchtet bzw. nur im Äußeren haften bleibt. Wahnsinnig ist, wer den Bruch zwischen Selbst und Ich vollzogen und sich somit ganz und gar auf einen der beiden Pole festgelegt hat. Ich unterscheide zwischen dem Selbstwahnsinn der Opfertypen und dem Ichwahnsinn der Untäter.

Selbst-Wahnsinn

Das Selbst äußert sich nicht durch eine Sprech-Stimme und hat somit keine Chance, sich mit Worten auszudrücken, wenn es vom Ich abkoppelt ist, das für die sprachliche Übermittlung seelischer Inhalte zuständig wäre. Dadurch ist auch die Gesamt-Intelligenz gespalten. Intelligenz ist die Fähigkeit, mit Sinn UND Verstand wahrzunehmen. Nur das flexible Zusammenspiel von Sinn (= Selbst) und Verstand (= Ich) macht es möglich, durch kritische Auswahl die charakteristischen Merkmale einer Sache zu erkennen. Erst ein umfassendes Unterscheidungsvermögen macht eine klare Wahl zwischen Gut (= nützlich) und Böse (= schädlich) möglich.
Nicht nur, daß durch diese Trennung das Selbst keinen Beitrag zum Wachstum leisten kann; die Gefahr, sich im Labyrinth von inneren Bildern und Träumen zu verlieren und Sinnestäuschungen aufzusitzen, ist enorm groß, wenn das Ich als kritische Instanz nicht zu Rate gezogen werden kann. Tag-Träumer, romantische Schwärmer und alberne Menschen, ohne eigenen Willen und ohne die Macht der Wahl, wurden von jeher für nicht voll zurech-

nungsfähig erklärt. Bezeichnenderweise hieß Idiot ursprünglich „Privatmann" — einer, der sich in seine Innerlichkeit verschanzt und auf unangenehme Weise „eigen" wird.
Unpolitische Menschen, die die äußere Realität leugnen und sich tonlos in die Lehnstuhlperspektive biedermeierlicher Standpunktlosigkeit zurückziehen, sind Wahnsinnige. Es ist Wahn-Sinn, nicht alle Sinne zu benützen und dem Selbst kein Stimmrecht und keine Durchsetzungskraft zu geben. Es ist Wahn-Sinn, das Feld kampflos zu räumen. Die schönsten Begabungen sind nichts wert, wenn sie nicht ausgedrückt werden. Innere Schätze sind erst wirksam, wenn sie nach außen wirken können und auf diese Weise wirklich werden. Ebenso können Fehler und Mängel erst korrigiert werden, wenn sie durch Ausdruck sichtbar und spürbar werden. Alle Keime müssen treiben, erst dann kann man sortieren und wählen.

Ich-Wahnsinn

Das Ich-Bewußtsein, vom Selbst-Bewußtsein und damit gleichsam von der universellen Wahrheit abgekoppelt, gleicht einem Computer, in dem wie in einer Datenbank alles eingespeichert ist, was ihm an herrschendem Wissen zur Verfügung gestellt wird; auch alles, was gezwungenerweise gelernt werden muß, um zu funktionieren, sich in der äußeren Welt zurechtzufinden und um von dieser Anerkennung zu bekommen. Je nachdem, mit welcher Ideologie, mit welchem Spezialfach oder welcher Rolle sich der Ich-Mensch identifiziert, spuckt er dann auch die Daten jener Programmplatte aus, die ihm einen Vorteil verspricht. Immer sind es Programmplatten, die die jeweils herrschende Meinung oder deren Opposition beinhalten. Ein Gespaltener mit Programmplatte im Hirn kann diese nach Belieben durch eine andere ersetzen. Je mehr Daten (meist Lügen, in denen kleine Wahrheitsgaben eingefügt sind, um die Lügen noch akzeptabel zu machen) ein Mensch im Kopf hat, desto mehr Anerkennung, Macht, Geld, Ruhm und Ehre bekommt er dafür.

Frei nach Gretchen im Faust: „Am Gelde hängt, nach Prestige, Ruhm, Ehre und scheinbarer Unsterblichkeit durch einen ‚großen' Namen drängt doch alles in der Welt".
Die Mehrheit der Menschen glaubt sich im Recht, wenn sie das Selbst mit seinen angeblich „bösen Trieben" verdrängt und ihr Ich mit Kunstprodukten aufbläht. Sie hofft, auf diese Weise den Sinn des Lebens zu finden, zu gewinnen. Wahnsinn!

Ja, sind wir denn wahnsinnig?
Ich weiß, wovon ich spreche. Im Laufe meines Lebens standen mir mehrere Möglichkeiten zur Verfügung, um aus dem seelischen Gleichgewicht zu geraten und meine geistige Gesundheit zu verlieren. Ich war verwirrt, irre, verrückt und wahnsinnig. Ich war schizoid und schizophren. Ich war neurotisch, psychotisch und paranoid – wenn auch nicht im klinischen Sinn. Ich fiel nicht auf, weil ich mich in Zustand und Verhalten nicht von meiner Umgebung unterschied.
Ehe ich 1972 aus meinem dornröschenhaften Dämmerzustand aufwachte, gehörte ich zu jenen Frauen, die man damals die „schweigende Mehrheit" nannte. Simone de Beauvoir sprach von Frauen in der „Immanenz"[1], und ich hörte, daß Hausfrauen und Mütter „kein Organ" hätten. „Sei schön und halt den Mund" (Filmtitel). „Die Frau schweige in der Gemeinde" (Paulus). „Und die Mutter blicket stumm auf dem ganzen Tisch herum" (Struwwelpeter).
Ich war Gefangene meiner mir zugeteilten Rolle als Hausfrau und Mutter. Ich tat die geforderte Pflicht und war versucht, mich in stummer Selbstbezogenheit in die Welt meiner Träume und Phantasien zurückzuziehen und den „harten Lebenskampf" den anderen[2] zu überlassen. Angesichts der ungeheuren Gewalt, Brutalität und der Zerstörung „draußen" im „feindlichen" Leben neigte ich

---

[1] Immanenz = „das Eingeschlossensein in einen Bereich"
[2] von griech. andros = „Mann"; Android = „Mensch in Automatengestalt"

dazu, mich in meine Innerlichkeit zu flüchten. Die äußere patriarchale Realität, so wie ich sie wahrnahm, schien mir zu gefährlich, als daß ich sie zur Kenntnis nehmen oder gar in sie einkehren wollte. Ich habe mich abgeschnitten und war auf den Pol der Innerlichkeit ver-rückt. Ich war normal, wähnte mich gesund — das war mein Wahn-Sinn. Es ist ein Wahn zu glauben, als „Mutterkuh" in stiller Selbstbezogenheit und duldsamer Opferhaltung den Sinn des Lebens finden zu können. Ich wurde für mein redliches Bemühen — ihm eine treue Ehefrau, meinen Kindern eine „gute" Mutter und für alle miteinander das brave Haustier zu sein — nicht belohnt. Ich verlor mich in einem dumpfen Dämmerzustand. Glücklicherweise wachte ich auf.

Eine Rollenträgerin als Nur-Hausfrau und -Mutter, eine im Selbst Gefangene wollte ich nicht mehr sein. „Emanzipation" war das Zauberwort, das mich erlösen sollte, „Gleichberechtigung" das erstrebte Ziel. Wie viele andere Frauen machte auch ich mich auf den Weg, dieses Ziel zu erreichen, bis ich merkte, daß ich auf dem Weg war, in die Gegenrichtung abzurücken und somit neuerlich, nur diesmal andersherum, verrückt zu werden.

Gleichberechtigung — gleiches Recht für alle? Gleiches Recht. Welches Recht? Wer hat recht? Das, was sie das herrschende Recht nennen, ist das wirklich richtig? Die Rechtsordnung der Juristerei? „Freiheit, Gleichheit, Brüderlichkeit?" „Alle Menschen werden Brüder?" Ich wollte weder leiblich noch im Bewußtsein ein Bruder sein. Ich wollte nie ein Mann sein, hatte kein Interesse, es ihm gleich zu machen und wollte somit auch nicht gleiches Recht haben wie er. Ich wollte so sein wie ICH bin, denn: „Ich bin ich."

Das war die Zeit, wo ich auf weibliche Eigenberechtigung bestand und wo ich wie andere Frauen dachte, ich, wir könnten die Männer, die Männerwelt überhaupt verändern und die beinharten männlichen Institutionen vermenschlichen. Indem wir weibliche Werte, die weibliche Sicht der Dinge, indem wir das weibliche Lebens- und

Liebesprinzip in die „Partnerschaft“ und in die Berufswelt einzubringen versuchten, hofften wir, die Gesellschaft menschlicher zu machen.
Täglicher Kampf. Stundenlange Diskussionen. Spannung. Zerreißprobe. Schließlich die Einsicht: Das ist aussichtslos. Ich hätte es ahnen können. Eine Institution des Staates ist wie die andere. Wer eine Institution kennt, sollte alle kennen. Ich kannte die Institution Ehe und Familie, die Keimzelle des Staates, in- und auswendig. Jede Institution ist nach demselben Prinzip aufgebaut, hat dieselbe Struktur und dasselbe Ziel: Einpflanzen männlicher Werte und Normen, Sicherung und Aufrechterhaltung männlicher Macht — über Weiber, Kinder, weiblich identifizierte Männer und schließlich Macht über die gesamte Erde, unser aller Mutter.

Ich erkannte: Ehe ich die Machthaber und deren Institutionen zu verändern vermag, verändern sie mich. Noch nie vorher und nie nachher habe ich die Spannung in mir so schmerzlich erlebt wie damals, als ich ohne Vorbild, ohne Wegweiser dastand. Aus Angst, meine „freie“ Mitarbeiterstelle als Redakteurin beim ORF zu verlieren, war ich gezwungen, mich mit den Werten und Normen, den Inhalten und Gepflogenheiten meiner Geldgeber zu identifizieren, und wieder war ich in Gefahr, mich zu verraten. Um die unerträgliche Spannung zwischen meinem Selbst und der Institution, der ich diente, zu mildern, mußte ich eine Minimalanpassung bringen. Meine ehemalige Sprachlosigkeit begann, sich unter Einwirkung der täglichen Dosis Bewußtseinsgift und durch gezielte Redeschulung langsam, aber todsicher in ein Sprachrohr für Männerbelange zu wandeln.
Die zwei Seelen in meiner Brust lieferten sich unerbittliche Schlachten. Der Schwesterkrieg im eigenen Seelen-Haus (frei nach „Der Bruderkrieg im Hause Habsburg“) war ausgebrochen. Mein Selbst: „Du verkaufst und verrätst dich!“ Mein Ich: „Von irgend etwas muß der Mensch ja leben!“ Selbst: „Das nennst du leben?“ Ich: „Die ande-

ren machen es genauso!" Selbst: „Du orientierst dich nach unten!" Ich: „Ich kann nicht ohne Bezugspersonen leben, niemand kann das!" Auch die Freundinnen lebten ein Doppelleben: In der Frauengruppe und im intimen Freundeskreis waren sie warmherzige, bunte, fröhliche und originelle Persönlichkeiten. In der Familie und im Beruf spielten sie angepaßte, dienstbare Geister. Wir tanzten auf zwei Hochzeiten. Wir klaubten die Rosinen einmal aus dem einen, dann aus dem anderen Kuchen und nannten diesen Eiertanz der Verbindlichkeiten, der uns in mindestens zwei Teile spaltete, beschönigend „goldene Mitte". Viele merkten nicht einmal, daß sie zweigeteilt, ja, bis zu einem gewissen Grad verrückt waren.
Dann kamen Bedenken an der Redlichkeit dieses angeblich goldenen Mittelwegs. Verzweiflung über die Aussichtslosigkeit, die beiden Welten — das innere Matriarchat und das herrschende Patriarchat — zu verbinden, packte und schüttelte mich. „Wohin soll ich mich wenden?" Wohin ich mich auch wandte, welche Kreise und Gruppen ich auch aufsuchte, um mich anschließen zu können — Links-Katholischer Frauenzirkel, Frauenrechtsbewegung, linke Intellektuelle, Künstlergemeinschaften, Grüne, Alternative, Friedensbewegte . . . —, überall bot sich mir, trotz unterschiedlicher Ideologie, das gleiche Bild: Die Menschen waren zweigeteilt. Die dem Mann gleichberechtigte, emanzipierte Karrierefrau war zum Ich verrückt, die opfervolle Nur-Hausfrau und -Mutter zum Selbst verrückt; die Feministin in der Doppelrolle, zwischen privat und öffentlich, verwirrt und am eigenen und eigentlichen Weg und im Ziel irre geworden.
Ich beschloß, eine Zeitlang mit dem Spalt in mir zu leben, und nahm mir vor, mich zu keinem Pol hin zu verrücken, zumindest so lange, bis ich wußte, wie ich das tägliche Brot beschaffen sollte. Zu diesem Zweck brachte ich die zwei Stimmen in mir zu einem Stillhalteabkommen. Das war eine Art Waffenstillstand, der darin bestand, daß ich mir das Bewußtsein um die Unvereinbarkeit meiner wahren, inneren und jener falschen, äußeren Welt behalten

wollte, gut auf mich aufpassen und rechtzeitig das Weite suchen würde.
„Bewußte Schizophrenie" nannte ich damals jenen zerissenen Zustand, wenn ich z.B. öffentlich und dienstlich im ORF eine andere war als privat zu Hause. Zähneknirschend machte ich die Arbeit, von der ich wußte, daß ich mich nicht mehr mit ihr identifizieren durfte, wollte ich mich nicht wieder verlieren. Ich brachte von meiner Art, meinen Worten und Inhalten soviel ich konnte und soviel die anderen zuließen in der Programmgestaltung unter. Waren diese „unzumutbar", paßte ich mich zum Schein an, um meine Stelle nicht zu gefährden. Immer dann, wenn ich bei Programmsitzungen geschwiegen und damit dem Chefredakteur und den Kollegen in einer Streitfrage scheinbar recht gegeben hatte (Schweigen wird immer als Zustimmung gewertet), stellte ich mich innerlich zu meinem Selbst, das es besser wußte, aber aus taktischen Gründen schweigen mußte. Ich tat die geforderte Arbeit und trollte mich schleunigst nach Hause. „Hier bin ich Mensch, hier darf ich's sein!" In der Frauengruppe ließ ich von den trauten Freundinnen meine Identität überprüfen. Bin ich noch ich? Bin ich noch unversehrt? Mir war klar: Lange durfte ich dieses Doppelleben nicht leben. Oft und immer wieder durfte ich mich nicht verstellen, ohne Gefahr zu laufen, mich wieder zu verlieren — das wußte ich. Das, was ich bewußte Schizophrenie nenne, ist nicht lange aufrechtzuerhalten. Sie verselbständigt sich. Der Punkt ohne Wiederkehr, jener Augenblick der totalen Verlorenheit, ist leicht zu übersehen.

In jener Zeit traf ich in der Kantine eine befreundete Kollegin. Ursula war seit kurzem nicht mehr freie Mitarbeiterin. Sie mußte sich „glücklich schätzen", in einer Zeit der Arbeitslosigkeit und Unsicherheit in so einem angesehenen Institut fest angestellt worden zu sein. Dabei entging ihr, daß sie sich die Arbeit nicht mehr aussuchen und einteilen und daß sie nicht mehr kommen und gehen konnte,

wann sie wollte, und vor allem, daß sie in erster Linie Auftragsarbeit zu leisten hatte.
Hallo! Wie geht's, wie steht's? Ursula gab mir ein Kompliment über meine „Lebendigkeit". Ich konnte meinen Schrecken über ihr müdes, verbrauchtes Aussehen und ihr zur Maske erstarrtes Gesicht nicht verbergen. Sie: „Seit ich angestellt bin und meinen Achtstundentag mache, kriege ich diese Kruste nicht mehr ab. Ich bin zu dünnhäutig für diesen mörderischen Betrieb. Um die Stunden überstehen zu können, mußte ich mir eine dicke Haut als Schutzschicht zulegen. Abends möchte ich mich wieder spüren. Dann liege ich oft stundenlang in der Badewanne, um die Kruste aufzuweichen und die tagsüber angesammelte Spannung zu lösen. Doch die Kruste geht nicht mehr weg, echte Entspannung ist mir nicht mehr möglich. Ich weiß nicht, was ich tun soll. Einerseits möchte ich mich spüren und fühlen, möchte meine Sensibilität, meine Träume, meine Muße und meine innere Wahrnehmung wieder leben, andererseits kann ich ohne diese verdammte Kruste als Schutzschild in dieser rauhen Arbeitswelt nicht die entsprechende Arbeit machen. Weil ich aushalte und glaube, dies durchstehen zu müssen, erstarre ich langsam, aber sicher zur Mumie."
Ich erzählte Ursula von einem Experiment, von dem ich einmal gehört hatte: Wenn man einen Frosch in einen mit siedend heißem Wasser gefüllten Topf wirft, dann wird er mit einem Satz herausspringen. Sein Selbsterhaltungstrieb läßt ihn instinktiv richtig auf die Gefahr reagieren, die siedendes Wasser darstellt. Setzt man einen (oder gar denselben) Frosch in einen Topf mit kaltem Wasser, dann bleibt er sitzen. Stellt man den Topf auf eine Herdplatte und bringt das Wasser nur ganz langsam zum Sieden, so daß die Anpassung unmerklich vonstatten gehen müßte, dann krepiert der Frosch, ohne sich zu wehren. Der Frosch, dessen Anpassungsfähigkeit enorm — Frösche gehören zu den ältesten Tierarten —, aber nicht unbegrenzt ist, verbrüht und stirbt, ohne es zu merken.

Siehst du, das ist die Situation, in der wir uns befinden. Ich bin der Frosch, der rechtzeitig aus der Todesfalle gesprungen ist. Ich bin gerade noch mit heiler Haut davongekommen, denn ich habe das WEITE gesucht. Und nun frage ich: Seid ihr denn alle wahnsinnig, weil ihr das alles noch mitmacht? Was müßt ihr noch alles mitmachen, ehe ihr erkennt, welchen Preis ihr dafür bezahlt? Der Preis ist das Selbst, eure Seele! Mit dem Verlust der Seele geht auch die Lebens-Lust verlustig und mit der Seele verlieren wir das Kostbarste, das wir haben: ewiges Leben!

Ja, wir sind irre, verrückt oder wahnsinnig, wenn wir uns in Nur-Hausfrau und -Mutter oder Karrierefrau spalten oder uns in einer unvereinbaren Doppelrolle zerreißen und damit unsere Persönlichkeit, unsere Individualität und Integrität und uns selbst aufgeben und unser Leben verfehlen.

Ich weiß wie ihr, daß es verschiedene Färbungen, Stufen und Grade von Geisteskrankheiten gibt. Nicht alle Geisteskranken befinden sich in Irrenhäusern. Einerseits sind die ohnehin voll, doch ebenso weiß ich, daß nicht alle, die in chemischen Zwangsjacken und in Anstalten eingesperrt sind, wirklich im klinischen Sinn krank sind. Sie werden deshalb für verrückt erklärt, weil sie sich mit den gesellschaftlich gefordert-geförderten Rollen, Normen und Werten nicht identifizieren wollten, „auffällig" wurden und keinen Ausweg fanden.

Ist nicht auffallend, daß Ich-Wahnsinnige frei in der Welt herumlaufen, hoch geehrt und gut bezahlt werden, während Selbst-Wahnsinnige vom selben Grad der Spaltung (nur zum weiblichen Pol verrückt) wegen ihres Wahns verachtet, für krank erklärt und eingesperrt werden?

Der mittelalterliche Ausdruck für Bewußtseinsspaltung (Schizophrenie) war „Besessenheit". Als besessen galten solche, die fremde, unverkörperte Persönlichkeiten in sich eingelassen und hatten sich von diesen dirigieren ließen. Als Hexen verbrannt wurden Frauen, aus denen Stimmen sprachen, die den Inquisitoren nicht in den

Kram paßten. Solche, die mit „His masters voice" übereinstimmten, kamen wohl mit der leiblichen Existenz davon, auf der Strecke blieben jedoch Identität und Intensität. Die Ehefrauen mußten als Erkennungszeichen ihrer Vereinnahmung eine Haube, Bräute Jesu einen Schleier tragen. (Juden mußten den Judenstern, Sträflinge müssen Gefängniskleidung, Soldaten Uniformen tragen . . . — man muß gleich erkennen, wem sie gehören. Es soll sichtbar sein, wer Herr über sie ist).
Hier über den Unterschied zwischen guten und bösen Hexen, über den neuen Hexenwahn, den wuchernden Spiritismus, den Medienunfug und die magischen Praktiken zu sprechen, die Wahnsinn am laufenden Band produzieren, würde mich von meinem Thema zu weit wegführen. Darüber werde ich mich demnächst mitteilen.
Nur soviel: Wer sein Selbst vom Ich oder sein Ich vom Selbst abspaltet und die Kanäle der Wahrnehmung — in eine der beiden Bereiche der Natur, ins Jenseits oder Diesseits — verschlossen hat, läuft Gefahr, besessen (besetzt) zu werden. Ich wiederhole meine in „Radio — Aktiv" aufgestellte Behauptung: Wir sind alle mehr oder weniger besessen. Die Frage ist nur: von WEM und WAS? Von innen oder von außen? Jetzt, am Ende dieser Zeiten, gibt es nahezu keinen Menschen, der im Bewußtsein ungeteilt, heil und somit kerngesund ist. Unter den Menschen, die sich vom Ich und damit von ihrem aktiven Lebensausdruck trennen und somit zu willenlosen Opfern werden, sind mehrheitlich Frauen. Menschen, die sich (auf-)opfern, gelten jedoch in unserer Gesellschaft als normal.

Die Ich-Menschen (mehrheitlich Männer), längst von diesseitigen Bösewichtern, die nur der verlängerte Arm jenseitiger Bösewichter sind, in Besitz genommen, sind besessen von der Idee, das Wichtigste im Leben seien Geld, Macht, Ruhm, Ehre, Geschäftemachen, Produkte herstellen, kaufen und verkaufen, sich einen großen Namen machen usw. Da Ich-Wahnsinnige sich für die

Eigentlichen halten und da sie die Machthaber der Erde und in der Mehrheit sind, stellen sie die Norm.
Als normal gilt, wer vom Durchschnitt nicht abweicht. Durchschnittsmenschen sind der Maßstab dafür, wer/was gesund und wer/was krank ist. Alle, die nicht dieser Norm entsprechen, gelten als abartig, pervers und krank. Ich-Wahnsinnige und deren Erfüllungsgehilfen und -gehilfinnen sind die aktiven Stützen der Gesellschaft. Als (Un-)Täter bewegen sie die Hebel der politischen Macht, bestimmen über Krieg und Frieden, verfügen über die sichtbaren Rohstoffquellen der Erde und über die unsichtbaren Rohstoffquellen der Mütter und mütterlichen Menschen. Sie sind im Besitz sämtlicher Kommunikationssysteme, stellen Gesetze, Gebote und Verbote auf und bestimmen, was geglaubt und was gelernt werden muß und was nicht. Wahnsinnige definieren die Moral von Gut und Böse, geben die Sitten und Regeln für das Zusammenleben vor und bestimmen den herrschenden Liebesbegriff. Sie bestimmen über alle und alles — dies, obwohl sie, da sie gespalten sind, kein Gewissen und dadurch keinen Zugang zu ihrer inneren Stimme mehr haben. Wahnsinnige Untäter regieren die Welt. Wahnsinnige Opfer machen mit (im Doppelsinn des Wortes) und lassen sich regieren. Das ist die Norm.

DIE NATUR IST GRAUSAM?

„Wo alles sich zum Ganzen webt,
eins in dem andern wirkt und strebt."
(Goethe)

Als ich vor längerer Zeit in einem Vortrag auf meine Bindung an die Natur und an ihre Gesetze zu sprechen kam, unterbrach mich eine Frau mit dem schroffen Einwurf: „Hör auf mit deiner Schwärmerei! Die Natur ist grausam! Wir können froh sein, wenn wir sie in den Griff bekommen!" Danach folgte eine lange Aufzählung von Naturkatastrophen, gegen die der Mensch machtlos sei. Aus derselben Ecke des Unverständnisses kommen, angesichts des weltweit zunehmenden Elends, die Redensart vom „feindlichen" Leben und der landläufige Stoßseufzer: „Wie kann der liebe Gott das zulassen?" So etwas kann nur sagen, wer Natur als etwas vom Menschen völlig Getrenntes ansieht und an *diesen* Gott als Herrscher über Himmel und Erde glaubt. Weil das Gerede von der grausamen Natur und der Glaube an *den* Gott so weit verbreitet ist, der als Souverän befiehlt, was zu geschehen hat und was zu unterlassen ist, hier einige teils bekannte, teils weniger geläufige Tatsachen, die ich in einem Vortrag nicht mit der gebotenen Gründlichkeit ausführen kann.

1. Die Natur ist eine Geburt der Elemente. Davon zeugt schon der komplette Name: natura elementare, von lat. natus „geboren, gewachsen, vorgekommen, entstanden, entsprungen" und lat. elementum „Element, Ursubstanz, Grundstoff". Jedes Kind lernt schon in der Schule, daß alles Leben durch das Zusammenwirken der Elemente entsteht. Unser aller angeborene Beschaffenheit ist elementar, unser eigentliches Wesen ist Natur.
Die vier Urelemente – Feuer, Wasser, Luft und Erde – sind unsere Eltern und wir, ihre Kinder, sind aus demselben Fleisch und Blut, aus demselben Seele-Geist-Fluidum

wie sie. Sie wirken IN uns und DURCH uns hindurch. Wir haben teil an ihnen, und sie haben teil an uns. Daher: Wir sind ALLE Töchter und Söhne der Urelemente.

2. Die Urelemente sind weiblich. In matriarchaler Zeit wurden die Urelemente als universale Mütter der Natur, als Gött-innen (gut-innen) geachtet und geehrt. So, wie die leibhaftigen Urmütter sich selbst und aller Leben geachtet und geehrt haben, wurden auch sie als vollkommene Verkörperung der göttlichen Elemente geachtet und geehrt. Im Altgriechischen werden sie, die großen, göttlichen Mütter, „die Uralten, Altehrwürdigen, Ursprünglichen" genannt. Deshalb ist die richtige Übersetzung von Matriarchat (von altgriech. archaios) auch nicht „Herrschaft der Mütter", sondern heißt eigentlich „die Macht der uralten, altehrwürdigen, ursprünglichen Mütter".
In den ältesten Texten, welche die Redakteure der Genesis als Vorlage benutzt haben, wurden die **EL**emente, unsere **EL**tern, „die **EL**ohim" (weibliche Mehrzahl!!!) genannt. **EL** heißt wie AL und IL „göttlich". Das Wort ELohim stammt aus Kanaan und findet sich dort in zwei Schreibweisen. 'L = EL und 'L'M = ELohim, was absichtsvoll gefälscht mit „Gott der Herr" (männliche Einzahl!!!)[1] übersetzt wurde. Daran, daß wir die Kinder der elementaren Ur-Göttinnen sind, erinnert jene verräterische Bibelstelle, welche unsinnigerweise Einzahl und Mehrzahl in einem Satz koppelt: „Nun sprach Gott: ‚Laß uns den Menschen machen nach unserem Ebenbilde, uns ähnlich'". Einzig sinnvoll und grammatikalisch richtig müßte es heißen: „Nun sprachen die Urgöttinnen: ‚Laßt uns Menschen machen nach unserem Ebenbilde, uns ähnlich'". Den späteren Bibelkommentatoren ist diese Verfälschung nicht entgangen. „Dieser Plural kann auf eine Beratung Gottes mit seinem himmlischen Hofstaat hinweisen . . .

---

[1] Im Hebr. heißt Gott (in der Einzahl) Eloha, nicht Elohim

Oder dieser Plural drückt die Herrlichkeit und den inneren Reichtum Gottes aus", lauten die Erklärungen.

Ehe die Urgöttinnen zuerst vermännlicht, danach beherrscht werden konnten, mußten sie übergangsweise versachlicht bzw. versächlicht werden. So ist z.B. in der ägyptischen Konsonantensprache der Begriff für (den Urzustand der) Natur NTR, welcher neutralisierend mit „göttliche Macht" übersetzt wurde. Die Griechen legten den Grundstein für die ausbeutbare Versachlichung mit dem Wort Physis (Elemente), das sich lediglich auf deren Grobstofflichkeit bezieht. Numen „göttliches Wesen, Gottheit" nannten die alten Römer die Urelemente. Die zunehmende Unbegreifbarkeit und die damit einhergehende, zunehmende Abwertung der Göttlichkeit der Elemente spiegelt sich im heutigen Gebrauch des Wortes numinos „schauervoll und anziehend zugleich".

3. **Die Urelemente sind universell** (von lat. universus „in eins gekehrt, zu einer Einheit zusammengefaßt").
Das heißt zum einen, daß sie stets zur Einheit zusammenstreben und nur ihre Einigkeit Leben bewirkt, mehrt und (um)wandelt. Zum anderen heißt es auch, daß sie nach diesem Einigkeits-Prinzip in sämtlichen Universen wirken, ja, daß sämtliche Universen aus ihnen bestehen.
Als wirklich ganz kann nur ein Wesen bezeichnet werden, in dem diese Einigkeit wirkt. Deshalb ist eine Ganzheit immer eine Einheit (der vier) und eine Einheit ist immer eine Ganzheit. Deshalb hat nur eine ganze Wesenheit eine ganze Seele. Jede Einheit/Ganzheit — ob Atom, Molekül, Zelle, Organ . . ., ob Pflanze, Tier, Mensch, Planet oder Sonnensystem — alle ganzen Wesensheiten, Monaden[1] genannt, sind aus denselben Ursubstanzen der Urelemente zusammenGESETZT. Das ist Natur-GESETZ! Das ist die Ordnung, Kosmos[2] genannt, nach der das All, also

[1] Monade von griech. monas „Einheit"
[2] Kosmos von griech. kosmos „Ordnung"

ALLES, funktioniert. (Oder besser gesagt, funktionieren würde, wenn diese Ordnung nicht willkürlich gestört wäre.)

4. Die Urelemente sind diesseitig und jenseitig erfahrbar. Im Unterschied zu jenem Jahwe, der sich als Gottvater, oder Gott der Herr an die Stelle der Urgöttinnen gesetzt hat und der sein wahres Gesicht (sein eigentliches Unwesen) hinter dem nichtssagenden bzw. verschleiernden Satz „Ich bin der ich bin" verbirgt, offenbaren sich die vier Urgöttinnen allerorts, jederzeit, in jedem Lebewesen und auf erfahrbar-einsichtige und spürbar-sinnliche Weise. Sie sind weder nur das, was man üblicherweise mit Feuer, Wasser, Luft und Erde gedanklich verknüpft, noch sind sie ein nur gedachtes, abstraktes Prinzip, angesiedelt in einer mysteriösen Definition von Transzendenz[1] (und damit ausschließlich einer Elite von Schriftgelehrten zugänglich). Sie sind in beiden Wirklichkeiten — in der sichtbaren und unsichtbaren — daheim. Besser: Sie SIND die Realität des Diesseits und der Transzendenz. Transzendenz in der alten Definition: „absolute, über alles Endliche hinausliegende Wirklichkeit" und „das Übersinnliche, das Jenseits".
Jenseits und Diesseits sind die zwei Seiten EINER Medaille. Sie bedingen einander, und wie das Negativ eines Fotos die Voraussetztung für das Positiv ist, so bedarf das Diesseits als Vorausbedingung des Jenseits. Daß das Jenseits negiert wird, ändert nichts daran, daß es trotzdem existiert und wirkt.

5. Die Urkräfte. Unlängst hörte ich in einem Radiovortrag einen Professor sagen, die Elementarteilchenphysik sei noch immer auf der Suche nach der „einen Urkraft". Man wisse zwar vom Elektromagnetismus, der Gravitation, der schwachen und starken Kernkraft, doch was dahinter

---

[1] Transzendenz von lat. transcendere „Was über die Grenzen des Bewußtseins und der Erfahrung hinaus liegt"

stehe, könne man bis zum heutigen Tag nicht sagen. Mit anderen Worten: Die Wissenschaft gibt sich mit dem, was sie bisher herausgefunden hat, nicht zufrieden – nämlich, daß hinter (oder vor) der sichtbaren Erscheinungsform der Elemente deren reine Energie wirkt (siehe Einsteins Relativitätstheorie). In Anlehnung an die und in Nachahmung der monotheistischen[1] Religionen, deren Stifter einen einzigen (männlichen) Gott zum Sach(ver)walter und Oberbefehlshaber der Urelemente „erschufen", sucht diese Wissenschaft nach der „einen Urkraft", die es aber so nicht gibt und die sie so, wie die Herrschaften suchen, niemals finden werden. Warum? Weil die „eine", besser: die einigende Urkraft der vier Urelemente die Strahlkraft einer Ganzheit ist und daher nur am Ganzen erfahrbar und auch nur am Ganzen erforschbar wäre.

Was aber tun die Wissenschaftler, z.B. die Atomphysiker? Nach patriarchaler Teile-und-Herrsche-Manier zertrümmern sie die allerkleinste Ganzheit Atom und machen damit deren EINE Urkraft zunichte. Sie zerlegen das Atom bzw. seinen Kern in sämtliche Bestandteile, um, so sagen sie, die eine Urkraft herauszufinden, und vergessen dabei, daß die zertrümmerte Einheit mehr war als die Summe ihrer Teile nach der Zertrümmerung. Sie übersehen auch, daß die eine Urkraft nicht mit einer speziellen Maßeinheit meßbar und daß sie somit mit nichts Gemessenem vergleichbar ist.

Wozu wollen sie eigentlich die eine Urkraft finden? Um der allerheiligsten Schöpfungs-Energie, der einigenden Urkraft habhaft zu werden. Die Energie, die beim radioaktiven Zerfall eines Atoms bzw. eines Atomkerns „frei" wird, ist ihnen offensichtlich nicht genug. Sie jagen nach den allerkleinsten Teilchen, bauen Forschungszentren mit gigantischen Beschleunigungsanlagen, suchen mit Milliardenaufwand von Geld und Energie nach der einen Urkraft, um Nietzsches Wunschgedanken „Der Herr der

---

[1] Monotheismus = „Eingottlehre"

Erde wird Gott ersetzen“ Wirklichkeit werden zu lassen. Das wird ihnen niemals, das wird niemandem gelingen. Denn: Diese EINE Urkraft sind die hundert EINigen und EINigenden Kräfte der allmächtigen, allwissenden und ewigen vier Urelemente, deren Universalität weder durch Kernspaltung noch durch Kernfusionsversuche oder andere zerstörerische Nachahmungen natürlicher Prozesse erreicht werden kann.

Symbolisiert sind die Urelemente im Fünfstern, der gleich den unmeßbaren und unwägbaren Fließbewegungen der Elemente in fließender Handbewegung („alles fließt“) in einem durchgezeichnet wird. Ohne Bruch, als Ganzes durchgezogen, versinnbildlicht er das Zusammenwirken der vier Elemente (vier Zacken) zu EINER Urkraft (die fünfte Zacke). Diese Synthese[1] der Vier zur Quintessenz[2], der dichtesten Energiekonzentration, wurde von den alten Indern „Akasha“, von den Griechen „Äther“ genannt. Die Schwingungen dieser Verschmelzungsenergie sind von allerhöchster, feinster, nicht meßbarer Frequenz.

Nebenbei bemerkt: So, wie die Geisteswissenschaften gewöhnlich alles, was nicht Körper ist, in einen Topf werfen, indem sie Denkkraft (Intelligenz, Intellekt, Ratio), Geist und manchmal auch Seelenkraft unter den Begriff „Geist“ zusammenfassen und nicht unterscheiden zwischen Geist, Seele und Verstand, so sprechen die Naturwissenschaftler von der elektromagnetischen Kraft, als ob Elektrokraft und Magnetismus keine Eigenständigkeit hätten.

6. Das Geheimnis des Lebens.[3] Da das, was wir gewöhnlich als Element bezeichnen, nur dessen sichtbare

---

1 Synthese = „Verschmelzung“

2 quint = „fünft“; Essenz = „konzentrierter Auszug“

3 Geheimnis setzt sich zusammen aus der Vorsilbe ge = „zusammen mit“ und heim = „liegen“ (von idg. kei). Geheimnis war demnach „das zum selben Lager gehörige Vertraute“. Die Bedeutung „Geheimnis“ im Sinne von „undurchschaubar, mysteriös“ wurde von den Angehörigen des „feindlichen Lagers“ dem ursprünglichen Sinn entgegengesetzt. Der eigentlichen, wahren „Liga der Gerechten“ waren die Zusammenhänge des Lebens durchschaubar und vertraut.

Zustandsform ist, ist so schwer zu verstehen und begreiflich zu machen, daß nicht nur Atome und Sonnensysteme, sondern auch GANZE Menschen aus Feuer, Wasser, Luft und Erde bestehen. Daß der grobstoffliche Leib Materie, also „Erde" ist, mag man noch gelten lassen, aber Feuer, Wasser, Luft?
Der goldene Schlüssel, der mir den Zugang zu einer umfassenderen Art erschloß, das „Geheimnis des Lebens" zu begreifen, ist die Entdeckung, daß jedes der vier Urelemente ebenfalls eine Einheit/Ganzheit ist, jedes bestehend aus sich selbst UND den anderen Dreien. Jedes Urelement hat ein vierdimensionales Bewußtsein von sich selbst, weil jedes vierdimensional IST. Z.B. ist das Urelement Licht sowohl Licht als auch Wasser, Luft und Erde, wenn auch nicht in grobstofflicher, sondern in geistiger Form, und aus eben dieser Grunderkenntnis kann ich wirklich begreifen, daß ich eins mit diesen vier Urelementen bin, wie auch die ganze Natur eins mit diesen vier Urelementen ist. *So* wird es faßbar (und bleibt nicht Schwärmerei), daß ich eins mit allem bin. Daß dieselben Urelemente allen ganzen, lebendigen Wesen innewohnen. Darüber hinaus ist jedes Element dreifaltig (siehe Abschnitt 8.: Weiß — Rot — Schwarz).
Aus den vielen variierbaren Kombinationen der vier Urelemente in ihren vier Dimensionen (ihren vier Zustandsformen) und ihren drei „Gesichtern" (Entwicklungsphasen) ergibt sich die bunte Mannigfaltigkeit des Lebens — Formenvielfalt genannt.
Anmerkung: Das, was die Wissenschaft Element nennt, ist in Wahrheit ein chemisches Element, bestehend aus der Kombination mehrerer Atome. Eine bestimmte Anzahl von Protonen (Periodenzahl), die sich zusammengeschlossen haben, ergibt ein spezifisches chemisches Element. Chemische Elemente sind, so wie letztendlich alles, auf die vier Urelemente rückführbar. Der ursprüngliche und von mir wieder verwendete Elementebegriff hatte immer Gültigkeit und wurde erst sehr spät von jenem der Naturwissenschaft verdrängt und abgelöst.

7. Die Namen der Elemente sind ungezählt. „Je mehr Eigenschaften etwas besitzt, desto mehr Namen braucht es. Sie müssen aber genannt werden, damit sich die immanente Kraft des Namens ‚immer neu entfaltet'". Um in einem Wesen das archaische, teils verborgene vierdimensionale Zusammenwirken aller vier und deren dreier Gesichter oder Gestalten besser zu erfassen und faßbar zu machen, habe ich mir angewöhnt, die vier Urelemente wieder mit ihren altehrwürdigen Namen zu nennen. Namen sind bedeutsam. Mit der Nennung der göttlichen Namen ist es leichter, die unermeßliche Komplexität der Elemente abzurufen.
Feuer: Göttin Lucia! Wasser: Göttin Tiamat! Luft: Göttin Hera! Erde: Göttin Diana! Diese meine Reihung ist willkürlich. In Wahrheit ist ihr Auftreten spontan, also keinem Erstens, Zweitens, Drittens oder Viertens unterworfen. Vor allem drückt die Reihung keinen Rangunterschied aus. Die übliche Manier, den Geist über die Materie oder umgekehrt die Materie über den Geist zu stellen, halte ich für Unfug.
Weil es mit den ursprünglichen und eigentlichen Namen leichter fällt, die hinter der jeweils sichtbaren Erscheinungsform liegende ganzheitliche Wesensart zu verknüpfen, werde ich ab nun, immer wenn von den Urelementen die Rede ist, deren Namen und jeweiliges „Gesicht" (Weiß, Rot, Schwarz) einsetzen und nur, wenn es dem besseren Verständnis dient, die herkömmliche Bezeichnung wählen. Insgeheim, mündlich und im privaten Gespräch, halte ich es ohnehin schon lange so.
Gemäß dem zeitgenössischen Materialismus läßt auch die Naturwissenschaft nur gelten, was sich beweisen läßt. Und da sich nur beweisen läßt, was mit den äußeren Sinnen wahrgenommen bzw. was gemessen, gewogen und in das herrschende Denkschema eingeordnet werden kann, bleibt alles das, was unsere Altvorderen noch wußten, alles was der sechste und der siebte Sinn wahrnimmt, alles was gewöhnlich unsichtbar, unhörbar, geruchlos (also nicht meß- und wägbar) ist, unbewiesen.

Verknüpft man nun mit einem Urelement nur seine meß- und wägbare Erscheinungsform und ignoriert oder leugnet man dessen Geist, Seele und Logos, dann kann man sich auch nur schwer vorstellen, daß der Menschen Licht Göttin Lucia, daß deren Wasser Göttin Tiamat, daß deren Logos Göttin Hera und deren Leib Göttin Diana ist,und daß ein Mensch, der alle Sinne beisammen hat, eine Einheit/Ganzheit und somit von den Anlagen und Möglichkeiten her heilig, ja göttlich ist.
Desgleichen ist auch der Geist der Atome Göttin Lucia: elektrische Kraft (griech. elektron „Brennstein"). Deren Seelenkern ist Göttin Tiamat: die durch die Quarks hervorgerufene Bindungskraft, die den Atomkern zusammenhält — die Kernkraft. Deren Logos Göttin Hera: magnetische Kraft, die den (Informations-)Fluß zwischen dem Atomkern und den Elektronen aufrechterhält. Der Atom-Körper ist Göttin Diana: die Protonen und Neutronen des Kerns und die den Kern umkreisenden Elektronen, Gravitation genannt.
Derselbe Schlüssel läßt sich auch an Moleküle, Zellen, Eier; an Sterne, Sonnen und Universen anwenden, nur daß die in ihnen wirkenden Kräfte der Urgöttinnen mit jeweils anderen Namen belegt werden.
Mit diesem Schlüssel ist auch leichter zu erklären, daß alle Lebewesen miteinander verbunden sind und in einer stetigen wechselwirkenden Beziehung zueinander stehen. Das uns heute so geläufige Fremdwort ÖKOLOGIE drückt dies genau aus. „Die Beziehung *alles* Lebendigen zueinander und zur lebendigen Umwelt." Auf der Basis dieses Ganzheitswissens beruht Magie, das Gesetz von Symphatie und Resonanz. Auf dem Grund dieser Gewißheit basierte die Beziehungskultur der Matriarchate — Goldenes Zeitalter genannt. Dieses magische Wissen — einmal innerer Besitz, Merkmal der ganzen Menschheit und nicht nur einiger Auserwählter — ist die Grundlage für die Ehrfurcht und die Achtung, welche alle Naturvölker den Urelementen der Natur als Gesamtheit und allen ihren Geschöpfen angedeihen lassen. Dem verlorenge-

gangenen Wissen um die Heiligkeit der Elemente, die Heiligkeit jeder Monade, die Verbundenheit aller Monaden; den Schaden, den man sich selbst zufügt, wenn man die Einheit stört oder gar zerstört, und dem mangelnden Respekt vor den Urgöttinnen in sich selbst und in anderen Lebewesen ist es zuzuschreiben, daß alles so im Argen liegt.

8. Weiß — Rot — Schwarz.

Wieder einmal war Helge bei mir und wollte seine Geschichte haben. Diesmal brachte er mir die Ente mit. So erzählte ich ihm die Geschichte vom „Goldtöchterchen", das Freundschaft mit einer Ente schloß. Da er meist nicht genug bekommen kann, hat er sicherheitshalber gleich ein zweites Symbol mitgebracht — einen Zwerg. Und so erzählte ich ihm auch noch das Märchen vom Schneewittchen und den sieben Zwergen. Ich habe beim Nacherzählen der Märchen mindestens ebensoviel Freude und Lernerfolg wie er. Das, was ich als Kind nur intuitiv erfassen konnte und niemals imstande war, mit Worten wiederzugeben, kann ich heute in Sprache bringen, ohne daß mir die Fülle der magischen Berührungen und deren Faszination verlorengegangen ist. Heute kann ich dieses innere Zauberreich, das mir die Symbolsprache der Märchen erschließt, auch mit dem Kopf verstehen. Und ich habe Freude, dieses Verständnis in wiederum einfacher, kindlicher Weise wiederzugeben.
Es war einmal eine Königin, die wünschte sich so sehr ein Kind. Eines Tages saß sie versonnen über ihren Stickrahmen gebeugt. Und weil sie so tief in ihren Wünschen und Gedanken versunken war, stach sie sich in den Finger, so daß drei Blutstropfen in den Schnee fielen. Da wußte sie, von welcher Art ihr Kind sein sollte: „Ach, hätte ich doch ein Kind so weiß wie Schnee, so rot wie Blut und so schwarz wie Ebenholz!"
Über diese kurze Passage ließe sich seitenweise schreiben. Weiß, Rot und Schwarz . . . Schnee, Blut und Ebenholz sind Symbole, deren Aussagekraft sich ganz weit auf-

fächern läßt. Ebenso ließe sich viel erzählen über die Kraft des Wünschens und wie und wodurch sie am wirksamsten ist und wie Wunschgedanken das Begehrte nach dem Resonanzgesetz an sich ziehen . . .

Helge begriff so wie alle Kinder mit dem Herzen, ohne daß ich viel erklären mußte. Ich sah es seinen Augen an, spürte es aus seiner konzentrierten ernsten Aufmerksamkeit, hörte es aus seinen klugen Fragen und gescheiten Antworten. Wie den Kindern, so möchte und könnte ich erzählen. Aber — so sind die Grundwahrheiten ohnehin aufgeschrieben. Die Märchen, matriachalen Mythen, Sagen und Symbole erzählen sie, nur die Ver-wachsenen können sie nicht mehr entschlüsseln. Also komme ich doch nicht darum herum, die Ebene des Herzens mit der Ebene des Verstandes zu verbinden. Meine Ge-Schichten haben etliche Schichten. In allen spielt sich das gleiche ab.

Wie der Spirallauf des individuellen Lebens aller Kreaturen, so ist auch der spiralige Lebenslauf der vier Urgöttinnen durch drei Entwicklungsphasen gekennzeichnet, die in gleicher Reihenfolge immer wiederkehren. Das hierfür zuständige Fremdwort heißt Evolution („herauswickeln"). Für diese stetigen, periodischen Wandlungen gibt es ebenfalls zahlreiche Namen und Bezeichnungen, die jedoch meist nicht klärend, sondern eher irreführend sind. Auf einen gemeinsamen Nenner gebracht ist das Phänomen des Gestaltwandels im Dreierrhythmus mit der uralten Bezeichnung Weiß, Rot, Schwarz.

Weiß, Rot und Schwarz sind heilige „Farben", welche die drei Gesichter oder Gestalten der Urgöttinnen symbolisieren. In den Symbol„farben" Weiß, Rot und Schwarz sind alle kleinen und großen, überaus komplexen Wandlungen, die auf allen Ebenen des Lebens stattfinden, umfassend dargestellt.

Physikalisch ist Weiß die Summe aller Farben. Weiß symbolisiert das Prinzip der Vielheit. Rot ist die wichtigste Farbe der sichtbaren Lichtquellen und genau in der Mitte der Regenbogenfarben. Schwarz ist die Einheit aller Farben, die sich im Gegensatz zu Weiß (als Summe) nicht auffächern läßt. Symbolisch bedeutet:

Weiß: Geburt eines Seele-Geist-Kerns ins Diesseits, was gleichzeitiger Tod im Jenseits ist, weshalb in manchen Kulturen Weiß und nicht Schwarz als Trauerfarbe gilt. Weiter: Beginn. Aufbruch. Initiative (von lat. initium „Anfang").
Matriarchal: Jungfrau. Knospe. Frühlingsblüte. Zweige eines Baumes.

Rot: Geburt eines neuen Keimes durch Einigung von Weiß (der Vielheit) und Schwarz (der Einheit) per Identifikation (Verschmelzung). Synthese ist die „Zusammenstellung, Verbindung und Vereinigung zweier Polaritäten" zwecks Mehrung.
Matriarchal: Heilige Hochzeit. Mutter. Stamm eines Baumes.

Schwarz: Geburt des Seele-Geist-Kerns ins Jenseits, was gleichsam Tod des Körpers im Diesseits bedeutet. Transformation. Umwandlung. Erneuerung (der Wechsel von Schwarz auf die nächste höhere Ebene der Entwicklungsspirale, und von dort wieder mit Weiß beginnend . . .)
Matriarchal: Die Alte. Die Wurzel des Baumes.

Vorausgesetzt, man akzeptiert die Fähigkeit zu gebären bzw. schöpferisch-gestalterisches Hervorbringen eines Lebendigen als mütterlichen Akt, dann genügte alleine die Tatsache, daß die gesamte Natur (Menschen inbegriffen) eine Geburt der Elemente ist, um die Urgöttinnen namens Lucia, Tiamat, Hera und Diana als universelle Mütter zu bezeichnen. Wenn man weiterhin zur Kenntnis nimmt, daß diese Geburt kein einmaliger Vorgang am Beginn der Schöpfung — eine Art „Urknall" — war, sondern daß dieser „Urknall" in allen Organismen in jeder Entwicklungsphase von Weiß zu Rot zu Schwarz zu Weiß . . . gegenwärtig und bis in alle Ewigkeit immer von neuem stattfindet, und zwar auf allen Ebenen, in allen

Dimensionen, in allen Lebewesen, und man weiter akzeptiert, daß dieser sich stets erneuernde Geburtsvorgang, den die Natur in allen Erscheinungsformen hervorbringt, im Grunde (Innen!) gut ist, dann sind die Bezeichnungen „Gött-innen" (Gut-innen) und „göttliche Natur", auch sachlich betrachtet, hinreichend gerechtfertigt.

Warum nun das alles?
Es gilt, die Wurzel allen Übels, das wir beklagen, zu begreifen und gründlich auszurotten: Sie besteht in der künstlich und gewaltsam hergestellten Vorherrschaft des Mannes, die nur dadurch möglich geworden ist, weil zuvor und zuerst ein männlicher Geist künstlich und gewaltsam an die Stelle der Urgöttinnen gesetzt und nachhaltig bis zum heutigen Tag tief im Bewußtsein verankert wurde. (Von der Blutspur, die dieser Gewaltakt zeichnete und hinterließ, wird im alten Testament ausführlich berichtet). Die Ausbeutung und Zerstörung der Natur und aller weiblichen Menschen ist auf diese Giftwurzel zurückzuführen.
Wenn ich so ausdrücklich und so eindringlich daran erinnere, daß die Urelemente die Urgöttinnen sind und daß deren Geburten — die gesamte Natur — weiblich sind, dann geht es mir darum, daß eigentlich jeder ehrliche Mensch von selbst, aus der direkten Anschauung heraus (ohne Vor-Stellung) zum selben Ergebnis kommen müßte.
Radikale Wahrheitsfindung ist mein Motiv, Gerechtigkeit mein Ziel. Dabei ahme ich weder die patriarchale Manier nach, welche den „Gottesbegriff" durch formale Geschlechtsumwandlung fälschte, noch begnüge ich mich mit einer sang- und klanglosen Geschlechts-Rückumwandlung. Nicht Gleichberechtigung der Göttinnen mit dem Gott, oder gar eine „Frauschaft" anstelle von „Herrschaft" ist mein Begehren, sondern daß alle die Wahrheit der Natur unverstellt wahrnehmen und wahrhaftig leben.
Hier der Versuch, einige der gebräuchlichen Bezeichnun-

gen und Namen der vier Urgöttinnen bzw. deren Kräfte unter „einen Hut“ zu bringen:

Göttlicher Name	Profaner Name	Technische Bezeichnungen	Philosophie / Psychologie
Lucia	Feuer / Licht	Elektrokraft / Ladung	Spirit / Esse / Sein / Kreativität / Geist / Glaube / Gewissen / philosoph. Feuer / Esprit / Licht der Erkenntnis
Tiamat	Wasser	Quarks / Kernkraft / Chaos / Energievoller-materie - leerer Raum	Selbst / Seele / Psyche / Anima / Intuition / Persönliches Sein bzw. Werden / Tiefes Gefühl / Gemüt / Innerung / Weltseele
Hera	Luft	Magnetismus / Resonanz / Symmetrie	Ich / Subjekt / Intelligenz / Intellekt / Gedanken- und Wortkraft / Ratio / Beziehung / Kommunikation / Inspiration / Mitteilung / Soziales Verhalten
Diana	Erde	Materie / Masse / Gewicht / Korpuskel	Körper / Leib / Handlungsweise / Tat / Verhaltensweise / Sichtbares Ergebnis / Wirklichung

Tiamat und Diana sind Yin / der ruhende Pol — Lucia und Hera sind Yang / der aktive Pol.
Im kreativen Prozeß sind:
Lucia: *Illumination* / Erkenntnisblitz/ Erleuchtung / Aha-Erlebnis / Gedankenblitz / Göttlicher Funke / Inspiration;
Tiamat: *Inkubation* (lat. incubatio „das Liegen auf den Eiern, das Brüten“) / fruchtbares Chaos;
Hera: *Information* / gesammelte Informationen sortieren / auswählen / Übersicht, Ordnung herstellen;
Diana: *Verifikation* (Bewahrheitung) / Verwirklichung / Ausführung.
Als Symbol sind:
Lucia: Blitz / Feuer und Flamme / grünender, belaubter Stab (Tarot);
Tiamat: Pokal / Füllhorn / Arche / Gral / Büchse / Maß / alle Arten von Gefäßen / Kelch (Tarot);
Hera: Federn / Flügel / Vogel / Schwert (Tarot);

Diana: alle sichtbaren Gestalten und Formen / Scheiben oder Münzen (Tarot).

Göttlicher Name	im Tierkreis des Jahreszeitenrhythmus	Schlüsselsatz	Schlüsselworte als Imperativ
Lucia	Lamm[1] (weiß)	ich bin	
	Löwe (rot)	ich will	Wolle!
	Pferd[2] (schwarz)	ich sehe	
Tiamat	Krebs (weiß)	ich fühle	
	Skorpion (rot)	ich wünsche	Schweige!
	Fische (schwarz)	ich glaube	
Hera	Hunde[3] (weiß)	ich denke	
	Biene[4] (rot)	ich wäge ab	Wisse!
	Krokodil[5]/Schlange/ Drache (schwarz)	ich weiß	
Diana	Hase[6] (weiß)	ich prüfe	
	Kuh[7] (rot)	ich habe	Wage!
	Steinbock (schwarz)	ich mache mir zunutzen	

Aussprüche aus dem Volksmund (da bin ich in „meinem Element"):
Lucia: Mir geht ein Licht auf / Feuer und Flamme sein / Das eigene Licht unter den Scheffel stellen / In Liebe entflammt sein / Lichterloh brennen / Ein feuriger Mensch / Feuerkopf / Göttlicher Funke / Geistesblitz / Etwas ist einleuchtend / Ein sprühender Geist / Begeisterung / Funken sprühen / Lichtscheues Gesindel / Keine große Leuchte sein / Jemanden anfeuern / So ein „Funzerl" / Licht ins Dunkel / Etwas ist sonnenklar / Brutwärme geben / Initialzündung / Zündender Gedanke / Impuls / Illustre Gesellschaft / Eine besondere Ausstrahlung haben / Impulsgebende Kraft / Etwas kommt ans Licht / Etwas in einem anderen Licht sehen / Eine Leuchte der Wissenschaft.
Tiamat: Jemand ist ein stilles Wasser / Jemand ist nahe am Wasser gebaut / Das Wasser steht mir bis zum Hals / Tiefe Wasser reißen tiefe Gräben / Mit allen Wassern gewaschen

[1] Lamm = Widder; [2] Pferd = Schütze; [3] Hunde = Zwilling; [4] Biene = Waage; [5] Krokodil = Wassermann; [6] Hase = Jungfrau; [7] Kuh = Stier

sein / Hat nicht alle Tassen im Schrank / Kann mir nicht das Wasser reichen / Das Häferl geht über / Die Hände in Unschuld waschen / Aufbrausend und überschäumend sein / Feuchtfröhlich / Im Fluß sein / Jemanden beein-flussen / Etwas steigt mir siedendheiß auf / Jemand ist uferlos / Steter Tropfen höhlt den Stein / Überströmende Liebe / Oberwasser haben / Seelenruhe / Seelenfrieden / Seelenverwandtschaft.

Hera: Gedanken fliegen in Windeseile / Geflügelte Worte / Etwas aus der Luft greifen / Etwas an den Haaren herbeiziehen / Hans-guck-in-die-Luft / Luftikus/ Ein paar Zentimeter über dem Erdboden schweben / Abheben (vom Boden der Tatsachen) / Hochfliegende Gedanken und Pläne haben / Mit Feuer und Schwert / Ein Gedanke schießt ein oder kommt mir / Ein Gedankengebäude errichten / Sturm und Drang / Ein Wortgefecht austragen / Rededuell / Jemanden ausstechen / Hieb und stichfest sein / Die Klingen kreuzen / Gedankenstürme — brainstorming / Worte in den Wind schlagen / Lebt hinter den Wolken / Vom Gedanken besessen sein / Aha, daher weht der Wind / Worte auf die Goldwaage legen / Ordnung ist das halbe Leben / Gedankenanflug / Zündender Gedanke oder Funke / Ein Gedankengebäude errichten / Von jemandem überflügelt werden / Hirnrissig sein / Luftschlösser bauen / Gedanken fliegen in Windeseile / Einfall / Du bist in Ordnung.

Diana: Mit Leib und Seel' / Blut und Boden / Mit Gedanken, Worten und *Werken* / Etwas geht in Fleisch und Blut über / Etwas hat Hand und Fuß / Fuß fassen / Wurzeln schlagen / Hand: handeln, handlich, handgreiflich, behandeln / Eingefleischte Gewohnheit / Ein Kerl aus ganzem Schrot und Korn / Erdverbunden sein / Der Geist ist willig, doch das Fleisch ist schwach / Stehvermögen und Standfestigkeit haben / Fersengeld geben / Zur Tat schreiten.

DIE NATUR IST GERECHT

„Mach dir nicht vor, du wolltest Irrtümer der Natur verbessern. In der Natur ist ist kein Irrtum, sondern der Irrtum ist in dir."
(Leonardo da Vinci)

Hier die Antwort, die ich der Frau im Vortragssaal gab: Du sagst: „Die Natur ist grausam!" Ich weise diese Behauptung entschieden zurück. Es handelt sich bei diesem Vorwurf um ein typisches Beispiel von Projektion — ein Hinausverlegen eigener Seeleninhalte und Eigenschaften zwecks Selbstentlastung. Wenn wer grausam ist, dann ist es die überwiegende Mehrheit der Menschen und sind es nicht die Elemente.
Nur Menschen haben einen freien Willen. Nur Menschen haben eine Entscheidungs-„Freiheit", auch gegen das Liebesgesetz der Natur. Nur Menschen benutzen ihre Intelligenz, um die Erb-Informationen, die uns per Ur-Innerung, per Wahrnehmung, per Erfahrung, per Anschauung, per Inspiration und Intuition zukommen — alles, was ein gesunder „Hausverstand" begreifen würde —, ins falsche Licht zu rücken und ihnen danach im Sinne von lat. in-formo „formen, gestalten, bilden", eine falsche Form zu geben.
Das heißt, nur Menschen sind imstande, zwischen Wahrheit und Lüge zu wählen; nur Menschen können lügen und betrügen. Nur Menschen sind aus dem Paradies gefallen, denn sie leugnen oder mißbrauchen das Bewußtsein jenseits des Tages.[1] Das ist jene Bewußtseinslage, die einer kompletten Geist-Seele zu eigen ist; Nacht-, Mond-, Seelen-, Selbst- oder weibliches Bewußtsein genannt. Nur Menschen können ihr Selbst leugnen, ihre Seele verraten, ihre tiefen Gefühle unterdrücken und vollautomatisiert „leben".

---

[1] Paradies, von para = „jenseits" und dies = „Tag", heißt wortwörtlich „jenseits des Tages"

Daher: Menschliche Wesen (einer bestimmten Art) sind in sich gespalten, zerrissen, unvollständig, unheil und darauf aus, alles, was ihnen an Ganzheiten begegnet, ihrem eigenen Zustand gleichzumachen und es ebenfalls zu spalten, zu trennen, zu zerstückeln und zu zerreißen. Nur Menschen bleiben die Liebe sich selbst gegenüber schuldig, indem sie die Urgöttinnen in sich — ihre eigene Göttlichkeit — nicht achten, ehren, schätzen . . ., ihr nicht folgen, sondern sie mißachten, unterdrücken und zu beherrschen versuchen.

Wie du dir, so du mir, so du allen anderen, denen du begegnest.

Nur Menschen betreiben Raubbau an ihren eigenen Ressourcen, an denen der Nächsten und am gesamten Erdkreis. Nur Menschen beuten die Erde und ihre Lebewesen aus. Im „Tagbau": Gold — die Nervenfasern der Erde; Silber — das Seelenmetall; überhaupt alle Metalle, Edelsteine. Erze, Erdöl, Kohle . . .; im „Nachtbau": Energieraub per destruktiver Magie, Vampirismus.

Nur Menschen verschmutzen ihre Innenwelt und nolens volens — wollend oder nicht wollend — die Umwelt.

Nur Menschen können manipulieren, hassen, morden, vergewaltigen, kriegen, mehr haben, als sie brauchen . . . Setze die Reihe mit Hilfe deiner Erfahrungen fort.

Ehe du dich vorschnell „abputzen" willst, indem du anmerkst, du hättest noch nie vergewaltigt, noch nie gemordet, noch nie einen Regenwald abgeholzt, nie Kriege angezettelt und mitgeführt . . ., würdest keine Gene manipulieren, seiest kein Umweltverschmutzer . . ., frage du dich ganz ehrlich: In welcher Weise vergewaltigst du dich selbst? Wieviele Wünsche und Bedürfnisse hast du in dir schon gemordet? Ab wann hast du begonnen, deine Gefühle abzutöten? Wie gehst du mit deinen ursprünglichen Wachstumstrieben um? Frage dich, wie es mit deinen inneren Kämpfen am Kriegsschauplatz der eigenen Seele aussieht. Auf welche Weise manipulierst du dich selbst? Bist du dir deiner Handlungen und Versäumnisse bewußt? Kennst du dich, und zwar

in- und auswendig? Kennst, lebst und liebst du dich wirklich? Kennst, lebst und liebst du deinen Geist (deine Gewissensstimmen, deine Ahnungen)? Kennst, liebst und lebst du deine einzigartige Seele mit allen ihren Innerungen und Äußerungen, deinen Entwicklungs-(Ver-)Stand, deinen Körper und seine Sprache? Weißt du genau, was du dir eigentlich alles antust?
Was du dir antust, das tust du im selben Ausmaß und in derselben Intensität deinen Nächsten, Übernächsten und allen Lebewesen deiner Umwelt an, mit denen du in Berührung kommst. Alles, aber auch schon alles, was wir tun, hinterläßt im zusammenhängenden Großen und Ganzen eine, wenn auch noch so kleine, Spur. Die Spuren der Umweltzerstörung sind die sichtbaren Ausformungen der menschlichen Innenweltzerstörung. Alles, was wir versäumen zu tun, hinterläßt Lücken und Löcher. Das, was fehlt, erzeugt Fehler. Was menschliche Fehler schon alles angerichtet haben, ist nicht mehr zu übersehen.
Vielleicht siehst du dich selbst als Opfer — Opfer der Gesellschaft, Opfer des „Systems“, Opfer der Umstände . . . Du sagtest selbst, du seist Opfer der herrschenden Verhältnisse. Wenn das so ist, dann ist die Frage, wie verhältst du dich zu den Verhältnissen? In welchen Verhältnissen lebst du; mit wem alles hast du „ein Verhältnis“? Du erzählst anklagend, was du schon alles mitgemacht hast — der Grund liegt klar auf der Hand: Das ist so, weil du alles mitgemacht hast und immer noch mitmachst.
Was läßt du dir gefallen, obwohl es dir schon lange nicht mehr gefällt? Was bitte ver-säumst du? Vielleicht Saum-Seligkeit? Eine Seligkeit, die aufquillt, wenn wir uns ausdehnen bis zum „Himmels-Saum“ und zu säumen[1] beginnen; wenn wir uns wieder anbinden an die Urgöttinnen in uns, wenn wir anknüpfen an die eigene Wahrheit, die — zugegeben — nicht immer ganz einfach anzunehmen ist. Wenn wir uns anschließen an den „Reigen

---

[1] säumen von der idg. Wurzel seu = „binden, anschließen“

seliger Geister", uns emotional an unsere Seelenmutter binden. Wenn wir uns nach der ursprünglichen wahren Bedeutung der Worte richten. Wenn wir uns rückbinden an die eigenen Urinnerungen, deren Wurzeln in das Goldene Zeitalter der Matriarchate reichen. Wenn wir uns einbinden in den sichtbaren und unsichtbaren universellen Kraftstrom der Lebenlieber-innen. Wenn wir Ökologie nicht als graue Theorie, sondern als innig liebevolles Beziehungsnetz der Gemeinschaft aller Lebendigen *leben*.

Diese Rückbindungen haben einen Namen: Religion (religio „Rückbindung"). Beziehungsreligion, Liebesreligion heißt das innige Beziehungsgefüge aller liebenden Lebewesen. Die alles entscheidende Gretchenfrage „Wie hältst du's mit der (herrschenden) Religion?" sollte eigentlich lauten: An WEN bindest du dich? An WAS hältst du dich? WORAN orientierst du dich? Für WEN bist du offen? WEM gibst du Aufmerksamkeit und somit Kraft? Mit WEM identifizierst du dich; WEN imitierst du? WEN oder WAS läßt du in dich ein und hast es dadurch verinnerlicht? Auf WEN oder WAS läßt du dich ein und verläßt damit deine Spur? Welche Gedanken hegst du und welche verwirfst du? Worauf legst du Wert und was schiebst du achtlos beiseite?

Was von allem, was man dir sagt und anbietet, hältst du für lieb und nimmst es an? Hältst du dich an deine innere Gewißheit, die keines Beweises bedarf, oder glaubst du blindlings, was schwarz auf weiß die „-logien" behaupten? Gehst du deiner eigenen Stimme nach oder vertraust du „His masters voice" und folgst dem Ruf der offiziell gekürten geistlichen und weltlichen Würdenträger, den Stützen der Gesellschaft aus Kirche, Politik, Wirtschaft und Wissenschaft und deren unsichtbaren Drahtziehern?

Bitte glaub mir: Dies soll keine Moralpredigt à la Pater Leppich sein. Ich möchte dich auch nicht belehren. Ich frage nur, ohne eine Antwort zu erwarten. Diese Fragen habe ich mir alle selbst gestellt, und täglich tauchen neue auf, die ich für mich zu beantworten habe. Und hier nun die

Antwort auf dein tadelndes „Die Natur ist grausam": Nicht die Natur ist grausam; grausam sind die Menschen, die ihre Natürlichkeit verloren haben. Wie die Kaputtheit der äußeren Natur lediglich die materielle Entsprechung der innermenschlichen Kaputtheit ist, genauso ist das, was du als Willkürakt der Natur unterstellst, lediglich ein Spiegel und die Antwort auf die menschlichen Grausamkeiten.

Grau in Grau!

„Grau, mein Freund, ist alle Theorie" (Goethe)
Grau ist nicht nur alle Theorie, grau ist die Farberscheinung von geballten Staub-, Ruß-, Schmutz- und Dreckpartikeln, welche als „Dunstglocke" nicht nur über den Ballungszentren der Städte, sondern auch über Menschenzusammenballungen gleich grausamer Gesinnung hängt.
Aus so einem — wenn auch für gewöhnliche Augen unsichtbaren — dunstig, diesig, rußig rauchenden und qualmenden Gasgemisch besteht nämlich die Aura grausamer Menschen, die in die Atmosphäre ausstrahlt und sich dort mit Gleichartigem verbindet. „Gleich und gleich gesellt sich gern"; „Wie im Himmel also auch auf Erden" und umgekehrt. Ob „unten" im Irdischen oder „oben" im Jenseitigen, Wesen von gleichem Interesse[1] treffen sich in denselben Interessengebieten und -sphären. Sie bilden Interessengemeinschaften, deren Ausdünstungen sich zwischen Unten und Oben treffen. Diese Vereinigung ist eine unheilige Allianz: grau in grau; grausam in grausam. Welch ein Grauen! Es stinkt zum Himmel und zwar (ge)ruchlos; und nicht nur alles Gute kommt von oben, sondern auch alles Schlechte, ebenfalls (ge)ruchlos.
Dementsprechend nennt die Physik Zusammenballungen von Teilchen „Energiepakete" (Quanten), die elektromagnetische Quantenfelder bilden. (Nur die Quantität ist

---

[1] Interesse von lat. inter = „dazwischen, dabei"; lat. esse = „sein"

meßbar, die Qualität nicht.) Die Interessengemeinschaften grausamer Geister sind Energiepaketen, die Interessengebiete den Quantenfeldern vergleichbar. Die Qualität der Seinsausstrahlung grausamer Geister ist grauer Qualm. Wie alle Energien, bilden auch diese Wirbel und Strudel, sie tönen, schwingen, fließen, strömen, und vor allem wirken sie erregend auf die „Systeme gleicher Schwingungsfrequenz“ ein. Die wechselseitigen Erregungen zwischen dem irdischen System, Resonator genannt, und dem außerirdischen System, physikalisch Quantenfeld genannt, können den Erregungszustand gegenseitig verstärkend so weit aufschaukeln, bis sie einen Punkt bzw. eine so hohe Schwingungsstärke erreichen, daß das irdische System zusammenbricht. In der Sprache der Physik heißt das dann Resonanzkatastrophe: „Der größte Schwingungswert wird erreicht, wenn die erregende Frequenz gleich der Resonanzfrequenz des erregten Systems ist. In diesem Fall kann der Resonator so stark schwingen, daß er sich in einer RESONANZ-KATASTROPHE[1] zerstört“.
Auf gut deutsch, für die Aussage dieses Kapitels übersetzt, heißt das: Solche wie oben geschilderte grausame Menschen strahlen ihre seelisch-geistigen Inhalte in die Atmosphäre aus und ziehen so körperlose Wesen, Geister („Erreger“) von derselben Beschaffenheit und mit denselben Eigenschaften an und bilden den Resonanzboden für diese Geister. Deren „Gleichschritt“ führt also am Schluß den Zusammenbruch des irdischen Systems herbei.

Katastrophe

Bis zum 16. Jh. hatte das Wort „Katastrophe“ eine neutrale Bedeutung. Die griech. Vorsilbe „kata“ bedeutet „von — herab, abwärts“ und das griech. Wort strépheín „umkeh-

---

[1] Als, allerdings etwas harmloseres, Beispiel für solche Katastrophen wird oft angeführt, daß Brücken einstürzen, wenn Soldaten im Gleichschritt darüber marschieren: durch die Vibration, die Erregung, die der Gleichschritt hervorruft.

ren, umwenden". Solange gewisse Zeichen der Natur als Warnungen anerkannt waren und die Kehrtwendung zum Guten erfolgte, mußte man Katastrophen nicht fürchten, man war ihnen nicht hilflos ausgeliefert, fügte sich nicht gottergeben drein. Heute wird „Katastrophe" nur noch als „entscheidende Wendung zum Schlimmen" übersetzt und als „Unheil, Verhängnis, Zusammenbruch" definiert und aufgefaßt.
Ich habe gelernt, Katastrophen als Zeichen mit Aufforderungscharakter anzunehmen. Sie sind Warnungen, die sich mit dem Grad der Dringlichkeit zur Umkehr steigern. Im Volksmund spricht man von Heimsuchung. Wie bei allen wichtigen Worten meinte die ursprüngliche Bedeutung niemals das Außerhalb, sondern immer das wesentliche Innerhalb eines Begriffes. So ist mit Heim nicht der geographische Ort, wo man sich niederläßt, sondern das ideelle Lager, dem jemand angehört, die seelische Heimat, die spirituelle Glaubensgemeinschaft gemeint.
Heimsuchung bedeutet demnach nichts anderes als die Aufforderung, das richtige Heim, die eigentliche Urheimat zu suchen.
Die warnende Botschaft von Katastrophen, Schicksalsschlägen und Heimsuchungen lautet weiterhin: Kehre um, verlaß die Enge und suche das Weite. Füge dich nicht in die falschen Kreise der Enge, des Elends, der Grausamkeit. Füge dich ein, schließe dich an, binde dich an deine ursprüngliche Heimat — die Seelen-Heimat deiner Ahnen. Die Chance und die Hoffnung liegen in der Aufforderung zur Umkehr — Sühne oder Buße genannt, deren eigentliche Wertbedeutung nichts anderes als schlicht WIEDER GUT MACHEN ist.
Klartext: Ob Stürme, Unwetter, Vulkanausbrüche, Erdrutsche, Überschwemmungen, Seuchen, aber auch Krieg, Reaktorunfälle . . . — alle Katastrophen sind Folgeerscheinungen katastrophal grau-samer Menschen bzw. ihrer schwingenden Systeme. Wie man kollektiv[1] in das

---

[1] Kollektiv von lat. collectivus = „angesammelt"

All hinausruft, so schwingt, tönt, hallt und schallt es zurück. Die schicksalhafte Antwort auf Gewalt gegen die Natur ist Gewalt. Das ist Naturgesetz.
Aus dem bisher Gesagten geht hervor: Naturkatastrophen sind keine Strafmaßnahmen der Urgöttinnen im Sinne rachsüchtiger Vergeltungsschläge. Sie sind Rache, allerdings im Sinne des Englischen return — Rückschlag! Rückgabe! Antwort! „Wie man in den Wald hineinruft, so schallt es heraus".
Das vielstrapazierte Wort „Verantwortung" ist die Perversion von dem, was eigentlich Antwortung heißen müßte. Mir ist schon lange klar: Alles, was mir das Schicksal „beschert" — ob angenehm oder unangenehm; alles, was mir zufällt und zustößt, ist lediglich eine Antwort auf mich selbst. Ich hafte für mich bzw. für mein Tun und Lassen. Alles, was ich glaube, denke, fühle und tue, es findet seinen „Niederschlag" und kommt über kurz oder lang auf mich zurück. Selbst-(Ver)Antwortung ist gleich (Ver)Antwortung für die Natur.
Da unser Gerechtigkeitsbegriff ziemlich schief liegt, weil er sich am patriarchalen Rechtsbegriff der Jurisprudenz orientiert, ist es notwendig, die ursprüngliche, eigentliche und wahre Bedeutung des Wortes „Gerechtigkeit" zu untersuchen. Dies muß ich schon meinetwegen tun, weil mich das Wort „Gerechtigkeit" von klein auf begleitet, weil mein natürliches Gerechtigkeitsempfinden sich am häufigsten aufbäumte und mir somit Wegweiser durch das Labyrinth der künstlich geschaffenen Gesetze, Verordnungen, Gebote und Legislativen war, die vom interplanetarischen System des Patriarchats in allen seinen Ausformungen aufgebaut wurde und dieses wiederum zusammenhält und legitimiert.
Das Wort „gerecht" leitet sich von ahd. gereht her und heißt eigentlich „gerad". Die Vorsilbe ge- bedeutet, so lese ich, „zusammen . . . mit" und rad „rollen, laufen". „Gerecht" heißt somit Schicksals-Lauf. Symbolisiert wird er im Schicksalsrad. Wie gerecht, gerad und Rad, so gehen auch die Worte „aufrichten, recken, geraderichten, das

Recht, das Richtige, Billigkeit[1] und rechnen"[2] auf die idg. Wurzel „reg" zurück. Reg heißt nichts anderes als „aufrichten, geraderichten, recken". Ebenso die Worte „aufrecht, aufgewachsen, anständig, ehrlich". Alle Definitionen sind in einem gewissen Sinn identisch.
An dieser Stelle ist es interessant anzumerken, daß nur Menschen, begabt mir freiem Willen, aufrecht gehen. Dieser Aufrechtgang macht es möglich, über die zwei polaren Öffnungen (nennen wir sie ruhig Nord- und Südpol; nördlicher Pol ist das Scheitelchakra[3], die Fontanelle — Quelle genannt —, und südlicher Pol ist das Wurzelchakra der Vagina) auf geradem Weg Energie in stetigem Fluß zu empfangen und abzugeben.

Das menschliche Rückgrat heißt Wirbelsäule, und zwar deshalb, weil, wie schon öfters erwähnt, Energie die Eigenschaft hat, sich spiralig wirbelnd fortzubewegen. „Alles fließt, alles bewegt sich, alles nimmt seinen Lauf." Scheitelchakra und Wurzelchakra sind gleichsam Eintritts- und Austrittsstellen für die wirbelnden Energieströme, die in ihrem ursprünglichen Zustand „ein Teil des Absoluten" (in meinen Worten ein Teil der wirkenden Kräfte der Urgöttinnen) sind, und über die wir mit allem und jedem verbunden sind.
In den Chakren findet die Einigung der „oberen" (Luft, Licht) und der „unteren" (Erde, Wasser) Energien statt. Das sogenannte Sonnengeflecht in der Herz-Magen-Gegend müßte demnach eigentlich Sonne-Mond-Geflecht heißen. Nicht Vermischung, sondern eine Zusammenflechtung von Selbst- und Ichbewußtsein, Nacht- und Tagempfinden, Seelen- und Denkkraft usw. gewährleistet die umfassende Wahrnehmung der Dinge, wie sie sind,

---

[1] billig = „wunderkräftig wirksam, was nach natürlichem Rechtsempfinden angemessen ist"

[2] rechnen = „in Ordnung bringen, ordnen"

[3] Chakren sind die subtilen Energiezentren entlang der Wirbelsäule und heißen eigentlich wiederum Rad oder Kreis

garantiert den Zugang zum Absoluten, bürgt für das richtige Maß und somit für angemessenes Verhalten.
Die gerechte Person ist eigentlich eine aufrichtige. Im Unterschied dazu ist alles Gekrümmte, Kranke[1] und Krause[2] auf Unaufrichtigkeit, Unanständigkeit und Unehrlichkeit zurückzuführen.
Tatsächlich: Lange ehe ich über die Etymologie den Zusammenhang von gerecht, gerad, aufrecht und ehrlich erforscht hatte, war von der Fülle der Ansprüche, die ich einmal an mich, an meine Nächsten und Übernächsten gestellt hatte, nur noch der Anspruch auf Ehrlichkeit übriggeblieben. Ehrlichkeit ist für mich unverzichtbar. Aufrichtigkeit ist von allen Anforderungen, die wir allesamt zu erfüllen haben, das einzige, was wir ohne Anstrengung, ohne Mühe, ohne Plage und vor allem ohne irgendwelche Vorkenntnisse und Voraussetzungen ad hoc auf der Stelle erfüllen und einlösen können. So, wie wir gegenwärtig beschaffen sind, ist es unmöglich, aus dem Stand in umfassender Weise zu begreifen, zu wissen, zu lieben, frei zu sein, kurz: wieder gut zu machen . . ., was wir so lange versäumt haben. Es ist aber jederzeit und allerorts möglich, wenigstens mit sich selbst, ehrlich und aufrichtig zu sein. Somit ist Ehrlichkeit das A und O, Anfang und Ende, Ausgangspunkt und Ziel für gesundes Gedeihen.
Die Ehrlichkeit, die von innen kommt, zieht so nach und nach im Schlepptau Freiheit, Liebe, Entfaltung, Selbstwirklichung und alle erstrebenswerten Tugenden nach sich. Das, was wir in der pervertierten Form als Ver-Stand kennen, ist somit nicht die Denktätigkeit der Intellektuellen, losgelöst von den Lebens- und Liebeswerten, sondern nichts anderes als das ehrliche Wissen um den eigenen tatsächlichen Entwicklungsstand.
Diese Art von Gerechtigkeit, die auf dem Zusammenfluß meiner Geradheit mit der Geradheit anderer Wesenhei-

---

1 krank = „gebeugt, gekrümmt, hinfällig"
2 kraus = „wirr, unordentlich"

ten basiert, ist die einzige, auf die ich setze, auf die ich zähle, mit der ich rechne. Bin ich ehrlich mit mir, kann ich ehrlich sein mit anderen. Handle ich gerecht mit mir und anderen, so wird mir kurz oder lang Gerechtigkeit widerfahren. Bin ich in diesem Sinne ehrlich und gerecht und da-heim in den Kreisen der Gerechten, dann brauche ich die Gerechtigkeit der Natur, die ihrem Gesetz folgt, nicht zu fürchten.

IMMUNSYSTEM

„Berufe nicht die wohlbekannte Schar,
Die strömend sich im Dunstkreis überbreitet,
Dem Menschen tausendfältige Gefahr
Von allen Enden her bereitet.
Von Norden dringt der scharfe Geisterzahn
Auf dich herbei, mit pfeilgespitzten Zungen,
Von morgen zieh'n vertrockend sie heran
Und nähren sich von deinen Lungen."
(Goethe „Faust")

Die ganze magische Menschheit hindurch, bis ins Mittelalter hinein, wurden Krankheiten jeglicher Art auf den Angriff von Dämonen zurückgeführt. Dementsprechend bestand Heilung in erster Linie in Geist-Heilung. Ehe es Schulmedizin und Ärzte gab, waren alte Weiber — weise Frauen, Heb-Ammen — die Heilhelferinnen des Volkes. (Wohlgemerkt: Helferinnen — heilen kann und muß sich jeder selbst. Das Heil muß von innen kommen.) Magische Medizin bedeutet Heilung der Wurzel — Heilung des Glaubens — und heißt nicht Symptombekämpfung. Ein Mensch ist krank, wenn er bewußt oder unbewußt gegen die Naturgesetze verstoßen hat. Ein Tor, wer die Natur mißachtet; ein Tor wird unweigerlich zum Einfalls-Tor der Hölle.
Bäder, Klistiere, Aderlaß, Massagen . . ., vor allem Heilpflanzen waren lediglich flankierende Maßnahmen, welche die Selbst-Heilung des Leidenden unterstützten. Und noch einmal und immer wieder: Heilung heißt ganz- und wieder-gut-machen. Einer erfolgreichen Selbstheilung liegt die Erkenntnis von Gut und Böse zu Grunde. An dieser bewußten Erkenntnis mangelt es allemal.
Die Erkenntnis von Gut (nützlich) und Böse (schädlich) funktioniert auf der materiellen Ebene besser als im Seele-Geist-Bereich. Immerhin unterscheiden wir ziemlich genau zwischen Mikroorganismen, die nützlich und solchen, die schädlich sind. Jene Hausfrau, die die nützlichen Kefirpilze hegt und pflegt, geht gnadenlos und uner-

bittlich gegen die Schimmelpilze in ihrem Marmeladeglas vor. Meine Nachbarin, die für die besten Bedingungen der Sauerteigbakterien ihres Brotteiges sorgt, verhindert andererseits alle Wachstumsbedingungen für fäulniserregende Bakterien. Was auf der sichtbaren Ebene so selbstverständlich ist, daß man darüber gar keine Worte verlieren muß, wird auf der Geistebene, im Bereich der Glaubens- und Gedankenkeime, völlig ignoriert. Fast so selbstverständlich, wie wir zwischen nützlichen und schädlichen Mikrowesen unterscheiden, reguliert das körpereigene Immunsystem die Geisterscheide zwischen nützlichen und schädlichen Erregern. Dies geschieht völlig unabhängig von der Kommandozentrale des Hirns, ja, ohne daß der Verstand überhaupt davon weiß. Das für den Organismus Nützliche wird freundlich empfangen und eingelassen, wohingegen Schädliches schon an den Öffnungen abgewehrt oder, wenn es schon eingedrungen ist, unschädlich gemacht wird, indem es ausgehungert oder schlichtweg aufgefressen wird.
Auf wundersam-mütterliche Weise lehrt die Perlmuttermuschel, mit fremden Eindringlingen umzugehen. Sie spart sich den kräftezehrenden Kampf, indem sie den eingedrungenen Fremdkörper mit einer Schale umschließt und damit von jeglicher Nahrungszufuhr hermetisch absperrt. Was dabei herauskommt, ist, wie wir wissen, eine ideale kleine Kugel — die Perle.
Da der Körper dem Geist (nach-)folgt, kann das körpereigene Immunsystem nur voll funktionieren, wenn der Bewohner des Körpers die Intelligenz seines Geistes und seiner Seele benützt und schon auf der Bewußtseinsebene zwischen Gut und Böse unterscheidet. Das Immunsystem spielt erst verrückt, wenn der Geist verrückt ist. Wird im Bewußtsein zwischen Gut und Böse unterschieden, dann ist die Abwehr von Dämonen jeglicher Art eine an sich leichte Sache:
1. Keinen Energiebeitrag an sie!
2. Ihnen nicht Folge leisten (undienstfertig sein)!
3. Auf diese Weise frei, unberührt und rein bleiben!

Diese einfache Wahrheit bezeugt das Wort immun.[1] Ganzheitliche Immunität ist nur gewährleistet, wenn alle Persönlichkeitsteile und somit auch alle Organe (Zellverbände, Zellen, Atome) sich einig sind, ganzheitlich zusammenspielen und bei der Abwehr mit System[2] vorgehen.
Wie die Hausfrau in ihrem Arbeitsbereich, so kümmert sich auch ein intaktes Immunsystem nicht um das Christengebot „Liebe deinen Nächsten". Sie beide kümmern sich schon gar nicht um das Gebot der Feindesliebe. Immerhin gelten auch Bakterien, Bazillen und Viren als Lebewesen. Konsequenterweise müßten Kirchenanhänger und Kirchengänger so einen armen Teufel wie einen Virus lieben und einem Tetanusbazillus hilfreich beistehen. Wir wissen mittlerweile von wem, warum und wozu diese helfersyndrom-erzeugenden Gebote eigens erfunden, fest im Bewußtsein der Menschen verankert und stets aufs neue bekräftigt werden.

Die Zelle und ihr Widersacher

Hast du schon einmal einen Virus[3] gesehen? Nein. Ich auch nicht. Und doch wußte man, schon ehe es Elektronenmikroskope gab, über sie Bescheid. Man erkannte sie an ihrer Wirkungsweise. Hast du schon einmal einen Dämon gesehen? Ich meine nicht die leibhaftigen, jene Teufelskerle, die haufenweise in der Gegend herumrennen, vorzugsweise hohe und höchste Ämter bekleiden,

---

1 Lat. im-munis heißt „1.) frei von Leistungen, a) abgabenfrei, frei von Beiträgen, Geschenken, b) dienstfrei, undienstfertig 2.) frei, unberührt, rein"

2 System von griech. lat. sýstēma heißt „das aus mehreren Teilen zusammengesetzte und gegliederte Ganze"

3 lat. virus heißt „Schleim, Saft, Gift, Giftsaft". Das Stammwort ist lat. vir = „Mann" (etymologisch verwandt mit „vir" = ist ahd. wer = „Mann"; das griech. ios = „Gift"; das aind. visa = „Gift, Gift als Geschenk des Bösen"). Dazu: lat. viril = „männlich, mannhaft; das männliche Geschlecht betreffend". Virilisierung = „Maskulinisierung" und Viraginität = „pathologisches männliches Sexualempfinden der Frau"

die politischen, sozialen, wirtschaftlichen und wissenschaftlichen Schalthebel der Macht betätigen. Ich meine jene, die sich als personale Wesen im vorübergehend körperlosen Bewußtseinszustand des Jenseits befinden (nicht „jenseits von Gut und Böse“, sondern jenseits des irdischen Machtbereichs). Du hast also noch nie einen Dämon gesehen? Ich auch nicht. Und doch erkenne ich diese Gattung an ihrer Wirkungsweise und bin damit jenen voraus, die sie erst zur Kenntnis nehmen werden, wenn die Wissenschaft ihre Existenz bewiesen hat.

Welch ein Glück, daß das scheinbar unverfängliche Feld der Zellen so gründlich erforscht ist und die Ergebnisse der Forschung über jeden Zweifel erhaben sind. Nichts Mystisches, Spekulatives oder gar Spektakuläres haftet den Diagnosen der Wissenschaftler an, selbst dann nicht, wenn sie mit anschaulichen, mitunter deftigen Worten berichten, wie der Kampf auf der Zellebene vonstatten geht. Die Wissenschaftler, sonst dem Analogiedenken abhold, bedienen sich dabei einer lebhaften Analogiesprache, die an eine Kriegsberichterstattung erinnert.

Die folgende Beschreibung des Abwehrkampfes auf der Zellebene lies bitte gleich selbst in Analogie zum Abwehrkampf auf der spirituellen (und wenn du magst, auch zur atomaren) Ebene. Du brauchst dazu nur in einer zweiten Denkspur statt Zelle ganzheitliche Person (Opfer) oder Atom[1] und statt Virus (bzw. Bakterie) Dämon bzw. böser Geist (Untäter) oder Atomteilchen mitzureflektieren. Die folgende Beschreibung taugt auch, um den berühmt-berüchtigten Geschlechterkampf auf der Gesellschaftsebene besser zu verstehen. Vor dem Hintergrund deiner eigenen Erfahrungen und mit ein bißchen Phantasie wirst du wissen, warum ich hier einen Exkurs in Biologie vornehme.

Und hier frei nacherzählt, was ich in diversen Schriften über Virus versus Zelle und die Funktion des Immunsystems gelesen habe.

---

[1] vgl. das Kapitel EINS UND ALLES, S. 123

„Das dritte Reich" der Bakterien und Viren ist mitten unter uns, und — es ist nicht klein, es gewinnt zunehmend an Macht. Darüber darf die scheinbare Bewältigung von Infektionskrankheiten wie Pest, Tuberkulose, Kinderlähmung, Syphilis usw. nicht hinwegtäuschen. Mittlerweile ist ziemlich sicher, daß auch Krebs und Aids von Viren hervorgerufen werden. Wir sind umzingelt. Viren allüberall. Luft, Wasser und Erde sind geschwängert mit ihnen. Woher kommen die (Auf einmal? So aus heiterem Himmel?)? Diese Gattung ist nicht nur wegen ihres massenhaften Auftretens und wegen ihres Raffinements, mit dem sie ständig ihre Gestalt und Strategie wechselt, so unheimlich, sondern auch, weil kein Mensch weiß, woher sie kommt.

Viren sind die kleinsten Feinde der Zelle. Sie sind unwahrscheinlich angriffslustig. Sie verfügen über ein nahezu unschlagbares System, mit dem sie in unseren Körper gelangen. Ihre Winzigkeit macht es ihnen relativ einfach einzuschlüpfen, wo es nur geht. Die meisten von ihnen gleichen Kaulquappen, die ja ebenfalls eigentlich nur aus Kopf und einem Geißelschwanz bestehen. Geißeltierchen, Geißelwesen als Geißel der Menschheit?[1]

Im Kopf des Virus befindet sich die sogenannte DNS oder RNS — seine Erbinformation. Sein Bau befähigt ihn zum direkten Angriff auf den Vererbungsapparat der Zelle, der für das Erbprogramm der Zelle verantwortlich ist. Er kann eine Zelle mit furchterregender Gründlichkeit angreifen und zerstören. Mit dem Kopf bohrt er sich in die Zellmembran der Zelle und spritzt ihr seine Nukleinsäure mit der mörderischen DNS-Information ein. Als zusätzliche Tarnung und als Köder umgibt sich ein Virus mit einer Eiweißhülle, die er der Zelle als Geschenk anbietet. Die

---

[1] Geißel von germ. geisilon = „Stockstange", eine Ableitung von germ. geica = „Speer". Zur Erinnerung: Stock (Stab, Stecken) ist das Symbol für das Element Feuer/Licht. Der begrünte Stab steht für das Licht des Lebens. Der trockene Stab steht für das Licht der Finsternis.
Schwert, Speer, Pfeil, Dolch, Lanze usw. sind Symbole für Luft bzw. patriarchale Gedanken, Worte und Redekraft

ahnungslose Zelle nimmt das Eiweiß als willkommene Nahrung an, diese ist für sie jedoch unverdaulich. Durch das in der Nukleinsäure enthaltene DNS-Programm — der eigentliche gefährliche Teil des Virus — wird die Zelle genötigt, dem Virus ihren Stoffwechselapparat zu überlassen und schrankenlos weitere Kopien des Angreifers herzustellen. Auf diese Weise wird der Virus unheimlich schnell vermehrt. Dieser Aktionsabschnitt besteht eigentlich aus einem Krieg zwischen den beiden Gruppen von Erbmaterial. Die Erbinformation des Virus, die völlig entgegengesetzt der Erbinformation der Zelle ist, gewinnt, einmal in den Kern eingedrungen, zunehmend an Macht. Wenn die Viruserbinformation gewinnt, kann die DNS der infizierten Zelle aufgespalten und zur Virus-DNS umgestaltet werden. Das heißt also, daß die Zelle in ihrem Nukleus (= Kern), statt ihrer eigenen Baustoffe und Erbanlagen, die für den Virus nötigen Stoffe und Erbinformationen aufbaut. In der Folge dieses Krieges erobert der Virus so nach und nach den ganzen Kern und somit die gesamte Erbanlage der Zelle. Mit einem derart starken Schaden in ihrer „Kommandozentrale" kann die Zelle nicht überleben. Sie stirbt den Hungertod, aber nicht, ehe sie andere benachbarte Zellen angesteckt hat. Aus dem Blickwinkel der Biologen kann ein Virus nicht grundsätzlich und korrekt als ein lebender oder toter Stoff bezeichnet werden. Aus meinem Blickwinkel ist der Stoff, aber nur der Stoff, aus einer lebendigen Substanz, nämlich aus Eiweiß, während die immaterielle Substanz, nämlich das DNS-Programm, ein Todes- bzw. Mordprogramm ist.

Viren haben keine eigene Energiequelle und können somit nicht eigenständig wachsen. Sie können sich auch nicht selbsttätig vermehren. Vermehrt werden sie erst nach Eroberung einer Zelle, VON dieser und DURCH diese Zelle. Indem der Virus eine gesunde produktive Zelle in eine Wirtszelle umprogrammiert, wird diese zur Brutstätte für weitere Generationen. Da Viren nachweislich keinen eigenen Stoffwechsel haben und somit an der

Grenze vom Anorganischen zum Organischen existieren (wohlgemerkt: organisch werden sie erst nach Besetzung und Benutzung einer Zelle), sind sie keine Einheit/Ganzheit und verdienen daher die Bezeichnung „Einzeller" nicht. Sie sind Teilzeller.

Viren sind Parasiten. Sie sind Schmarotzer, indem sie auf Kosten der von ihnen befallenen Lebewesen leben, ohne diese vorerst zu töten. Klar, lebendig hat man länger was von ihnen. Im Unterschied zu Zellen weigern sie sich, für ihren Lebensunterhalt selbst zu sorgen. Sie weigern sich, in einen Zellverband einzutreten und dienend ihren Beitrag am Gesamtorganismus zu leisten. Statt dessen dringen diese „Gesetzlosen" in einen zellularen Sozialverband ein, jedoch nicht, um diesen in seiner Sozialarbeit zu unterstützen, sondern lediglich, um ihn für sich auszunützen. Viren sind und bleiben „frei" — entwicklungsfrei!

Nun ist schmarotzen allein nicht lebensgefährlich, wie z. B. ein Mensch beweist, der jahrelang einen Bandwurm mitversorgt. Die Gefährlichkeit des Virus besteht in der destruktiven Macht seines DNS-Programmes, das, einer Kettenreaktion gleich, ansteckend ist und in Form von Epidemien und Seuchen ganze Stämme und Völkerschaften bedrohen, anstecken und ausrotten kann.

Einige Autoren bezeichnen den Virus als ein egoistisches Gen, welches aus der Kontrolle geraten ist; ein verharmlosender Ausdruck für Mikrowesen, die in Wahrheit nekrophile Mutationen sind.

Zelle: „Die lat. Substantiva ‚cella' und ‚cellarium' gehören mit ihrer Grundbedeutung ‚Vorratskammer' zu den Verben der Bedeutung okkult ‚verborgen, heimlich, geheim; von übersinnlicher Bedeutung'".

Im wesentlichen gilt für die Zelle das gleiche wie für Atome, wie überhaupt für jede Einheit/Ganzheit. Eine Zelle ist ein ganzheitliches Individuum, welches ein Bewußtsein seiner selbst hat und daher Erinnerungsvermögen und Intelligenz besitzt. Jede Zelle hat innerhalb ihres Zellverbandes eine bestimmte Aufgabe, einen

Lebenssinn und verfolgt das Ziel des Gesamtorganismus: sein — werden — vollenden. Jeder Mensch besitzt Billionen von Zellen, die durch bestimmte Aufgabenbereiche — in spezifischen Arbeitsgruppen gesondert — seine Organe bilden. Diese fein aufeinander abgestimmte, arbeitsteilige Organisation wird häufig mit einer hochsozialen Stammeskultur verglichen, in der jeder seinen Platz kennt und gemäß seiner Berufung seine Aufgabe am Großen und Ganzen verrichtet. Um dieses wohlorganisierte Ordnungssystem eines Organismus bewegen sich Billionen von „anarchistischen", egoistischen, nekrophilen, mutierten, zellularen Splitterwesen. Sie schweben unsichtbar in der Luft, hoffen, eingeatmet zu werden, verstecken sich in Speisen oder in Getränken und versuchen mit allen Tricks, sich über Haut und Blutbahn in den Organismus einzuschleichen. Doch der Organismus ist gewappnet. Wenn er gesund ist und, wie gesagt, alle Persönlichkeitsteile und Organe zusammenarbeiten, hat er ein reibungslos funktionierendes Abwehrsystem.
Sogenannte Antigene sind die Feuerwehr der ersten Stunde. Unter ihnen sind die von der Thymusdrüse ausgebildeten bzw. geschulten T-Lymphozyten, die Wächter, die wie Spürhunde über Gut und Böse wachen. B-Lymphozyten agieren als Geheimdienst gegenüber bereits erkannten Erregern. Als der erste Schritt einer Immunantwort auf einen Angriff gilt der Heldenmut, mit dem sich ein Makrophage[1] auf einen Feind stürzt und ihn unschädlich macht. So wie sich ein Indianer einen Skalp an den Gürtel hängt, so heften sich Makrophagen ein Fragment des Feindes an die Außenwand, damit alle mit der Abwehr befaßten Lymphozyten den Feind sofort erkennen können. Danach werden Signalsubstanzen gebildet, die weitere Makrophagen und sogenannte Killerzellen alarmieren, die dem Feind den entscheidenden „Stich" versetzen.
Im sogenannten Immungedächtnis wird der dergestalt

---

1 Makrophage „Freßzelle"

entlarvte Feind registriert. Solche, mit denen die Abwehr noch nie zu tun hatte, marschieren jedoch wie unter einer Tarnkappe am Bereitschaftsdienst der Wächterzellen vorbei, um ihr unheilvolles Werk zu beginnen oder fortzusetzen. Da die Erreger trickreich und auf geringfügige Weise ihre Form und ihr Aussehen ändern, um die Wächterzellen zu täuschen, schlagen die Antigene grundsätzlich bei jedem fremden Eindringling Alarm — egal in welcher Verkleidung er ankommt.

Ausbildungszentrale für die Abwehr ist die Thymusdrüse[1].

Die Thymusdrüse ist die Schaltzentrale, das Hirn der Seele, in der alle Fäden der Erkenntnis von Gut und Böse zusammenlaufen. Die Erkenntnis ist zum Teil angeborenes Erbprogramm, das wir uns selbst von Geburt zu Wiedergeburt vererbt haben; zum Teil ist sie jüngst dazuerworben.

Weil ich weiß, daß nahezu alle Krankheiten auf eine Störung oder Schwächung des Immunsystems rückführbar sind, und weil ich weiß, daß die Billionen von Krankheitserregern, die uns permanent umgeben, uns nichts anhaben können, wenn sie erkannt und somit erfolgreich abgewehrt werden können, habe ich ganz still und leise begonnen, mit meiner Thymusdrüse (sie befindet sich in der Herzgegend, unter dem Brustbein) gedanklich Zwiesprache zu führen.

Es war in einer Zeit, in der von allen Seiten Meldungen kamen, die mich erschreckten. B. hat Brustkrebs. F. hat ihre Gebärmutter verloren. D. ist an Aids gestorben . . . Überhaupt so viele Krankheiten, die sprunghaft zuneh-

---

[1] griech. thymus = „Gemüt“. Die Vorsilbe „ge“ heißt „zusammen; mit“ und Mut, von lat. mos = „Sitte, Brauch“, ursprünglich „Wille“ und griech. mosthal „streben, betrachten, begehren“. Aus derselben Wurzel stammt das Wort Moral = „der zur Regel gewordener Wille“. Die ursprüngliche Bedeutung von „Gemüt“ ist also das Gegenteil von dem, was man gemeinhin unter Gemütlichkeit versteht. Es ist der Mut zur sittlich-moralischen Erkenntnis von Gut und Böse; der Mut, sich mit entschiedenem Willen dem Bösen entgegenzustellen

men, und täglich kommen neue Abarten dazu. Da saß ich nun eines Abends auf meiner Hausbank und blickte in die untergehende Sonne. Im Gegenlicht sah ich dann das, von dem ich zwar wußte, was ich jedoch bisher noch nie in dieser Deutlichkeit und noch nie so bewußt wahrgenommen hatte. Der Luftraum ist erfüllt von unzählbaren winzig kleinen Fluggeschöpfen. Fliegen, Mücken und Staubpartikelchen in allen Größen tanzten, schwebten, kreisten, hüpften und sausten im Dunstkreis, den ich überblicken konnte. Ein Auf und Ab, ein Hin und Her — rundherum Millionen von winzigen, kleinen und größeren dunklen Punkten. Und was schwebt und kreist da alles, was ich nicht sehen kann, weil meine Augen dafür nicht ausgestattet sind? — dachte ich mir.

Ich verscheuchte eine Fliege von meiner Hand, die vom vertrockneten Blut einer Kratzwunde naschte, schloß die Augen, atmete mich in Ruhe und begann ein Gespräch mit meiner Thymusdrüse und dem gesamten Hilfspersonal meines Abwehrsystems:

Thymus, du heißt Gemüt, und das bedeutet, daß du Mut und den Willen hast, nach alter Sitte und altem Brauch handelnd die Schädlinge des Lebens zu erkennen und deine Erkenntnisse an die dafür zuständigen Gene weiterzumelden, auf daß diese ihre „Wehrpflicht" erfüllen. Dein Bestreben ist, mich gesund zu erhalten. Dein Begehren ist, mich als Ganzheit der Vollendung näherzubringen. Deine Aufgabe ist die Betrachtung und Unterscheidung all der Winzlinge, die ich nicht sehen kann und die versuchen, in mich einzudringen. Ich habe gelesen, daß du der Schulmedizin „bis vor zehn Jahren ein Buch mit sieben Siegeln" warst, „ein Organ auf der Suche nach seiner Funktion". Auch ich wurde erst der zunehmenden Not gehorchend auf dich aufmerksam. Und jetzt wende ich mich an dich mit meinem Angebot: Laß uns zusammenarbeiten! Ich werde auf meiner Wahrnehmungsebene alles tun, was nur guttut, und alles lassen, was mir schaden kann. Ich werde meine Kontakte genau prüfen. Sieh! Ich habe schon begonnen, Freund und Feind besser zu unter-

scheiden. Mein „Helfersyndrom" habe ich fast ganz abgelegt. Ich nehme auch keine Geschenke mehr an, die nicht aus ganzem, reinem und ehrlichem Herzen gegeben werden. (Geben und nehmen muß im Gleichgewicht sein, nicht wahr?) Auf die zweifelhaften Geschenke der Zivilisation — allesamt Gift! — kann ich weitgehend verzichten. Die goldene Regel „Trau, schau, wem" habe ich mir hinter die Ohren geschrieben, dorthin, wo mein Stammhirn sitzt, das mich stets mahnen und daran erinnern wird, was ich schon einmal wußte — was wir alle, die die goldenen Zeiten miterlebt haben, wußten und eigentlich noch oder wieder wissen müßten. Die alte Lehre lautete: Prüfe! Prüfe auf Herz und Nieren, wen du in dein Haus, in deine Augen, Ohren, Vagina, Anus — überhaupt in alle deine Öffungen und deine Offenheit einläßt. Prüfe auf Herz: Das Herz war von jeher das Organ, das Liebe symbolisiert. Prüfe: Liebst du DICH? Bist du ein lebenliebendes Wesen? Prüfe auf Nieren (unsere Ausscheidungsorgane): Bist du entschieden? Überhaupt: Kannst du Gutes von Bösem unterscheiden und, wenn du schon Böses in dir hast, bist du willens genug, es auszuscheiden und darüber hinaus von allem und jedem zu scheiden, was dem Wachstum der Seele entgegenwirkt?
Und weil ich gerade dabei bin, Bilanz zu ziehen, dann sage ich dir noch, was ich ebenfalls schon gelernt habe und was ich noch zu lernen habe: Ich bin unabhängig von der Anerkennung anerkannter Leute, kann auf die Zustimmung von falscher Seite verzichten. Ich bin schon sorgsamer und haushälterischer mit meiner Kraft. Das Nächstenliebegebot habe ich als das entlarvt, was es ist: ein suggestiver Aufruf an kraftvolle, produktive, potente Menschen, ihre Lebensenergie und ihre Lebenszeit parasitären, schmarotzenden Halbwesen „freiwillig" zur Verfügung zu stellen. Wie du weißt, ist es mir neuerdings gelungen, die Worte Brief-„Schuld" und „Heiliges Gastrecht" aus meinem Bewußtsein und damit auch aus meinem Sprachgebrauch zu tilgen. Wer sagt, daß ich jedem, der mir einen Brief schreibt, noch dazu einen, der

gar keine Fragen enthält, einen Antwortbrief „schuldig" bin? Und: Wieso soll jeder Gast, vor allem der, der uneingeladen daherkommt, ein Recht auf mich haben? Was soll daran heilig sein?[1] Ich weiß, daß mein Abwehrsystem, dessen Chefin du bist, nur dann seine Aufgabe zur vollen Zufriedenheit aller erfüllen kann, wenn genug Energie zur Verfügung steht. Aus diesem Grund gebe ich mir Ruhe und nehme mir die Ruhe, die ich brauche, um zu regenerieren.

Ich habe gelernt, meine Wichtigkeiten besser zu setzen und alle meine Handlungen — ebenso meine Beziehungen — auch vom Standpunkt der Energie- und Zeitökonomie zu betrachten. Auch ich habe nur 24 Stunden rund um die Uhr, von denen ich etliche Stunden für Schlaf und für meinen Broterwerb benötige. Die restlichen Stunden brauche ich für die Pflege der Freundschaften zu jenen, die ich als meine wirklich Nächsten erkenne und anerkenne. Irgendwas muß ich in meiner Energie- und Zeitwirtschaft jedoch noch falsch machen. Zur Muße bleibt mir noch immer zu wenig Zeit übrig. Nur einfach so die Hände in den Schoß legen, ohne Absicht und Druck fließen lassen, was fließen will — das will mir noch immer nicht so richtig gelingen. Zu tief verinnerlicht habe ich, scheint's, den falschen Glauben, wonach ein Mensch nur was gilt, der fleißig ist und dessen Fleiß an sichtbaren Produkten gemessen wird — dabei heißt fleißen eigentlich fließen!
Nebenbei bemerkt: Sind Muße („Untätigkeit, freie Zeit, Ruhe") und Muse („eine der neun Göttinnen des Gesangs, der schönen Künste und der Weisheit; Be-Geisterung")

---

[1] Woher der Wind dieser Redereien von Brief-Schuld kommt und wer das Wort vom heiligen Gastrecht hergeweht hat, ist an der wahren Bedeutung des Wortes „Gast" abzulesen. „Gast" von ahd. gast beruht mit verwandten Wörtern im Lat. und Slaw. auf ghosti-s = „Fremdling", vergl. hostis = „Feind, Gegner". Auch im germ. Sprachbereich wurde „Gast" in den älteren Sprachzuständen nicht nur im Sinne von „Fremdling", sondern auch im Sinne von „Feind, feindlicher Krieger" verwendet!

nicht ein und dasselbe oder wenigstens zusammengehörig?
Mein Bericht an dich, liebe Thymusdrüse, ist nicht vollständig. Nachdem ich dir nun meine Mitarbeit angeboten habe, gelobe ich dir, ich werde den Kontakt mit dir weiter pflegen. Ich bitte dich und deine Helfer angesichts der zunehmenden Gefahr aus der Mikrowelt um äußerste Wachsamkeit. Laßt mir niemanden ein, der euch irgendwie verdächtig ist. Sollte sich schon irgendein Fremdling in mir als Gast eingenistet haben, dann setzt bitte alles daran, ihn wieder loszuwerden. Ich bin keine Wirtsperson für irgendwelche Parasiten. Raus mit allem was schmarotzt! Raus mit allem, was sich nicht hilfreich und gutwillig in das Sozialgefüge meines Organismus einordnen will! Raus mit allen Fremdkörpern, die in mir nichts verloren und somit nichts zu suchen haben! Ihr habt mein Sanktus und meine volle Unterstützung im Kampf gegen Krankheitserreger aller und jeder Art. Es wäre doch gelacht, wenn wir im freien Kräftespiel unseres fruchtbaren Zusammenwirkens es nicht zuwege brächten, unseren Organismus frei von Leistungen für an sich Totes halten zu können.
So ungefähr war meine Rede an meine Thymusdrüse. Die erste, verblüffende Antwort erhielt ich einige Tage später. Ich bekam plötzlich Zahnweh. Jahrelang war ich bei keinem Arzt mehr. Nicht nur deshalb, weil ich in keiner Krankenkasse bin (notfalls müßte ich eine Behandlung privat bezahlen), sondern weil ich mein Leben so gestalte, daß ich — dem Himmel sei Dank! — gesund bin und daher keinen Arzt brauche. Nur die Zähne bedürfen hin und wieder einer Reparatur.
Evelin, eine ehemalige Freundin, ist Zahnärztin und hat ihre Ordination nur wenige Kilometer von mir entfernt. Sie suchte ich mit der Bitte auf, mich von meinen heftigen Zahnschmerzen zu befreien. Ich zeigte auf den schmerzenden Zahn, Evelin untersuchte ihn und stellte fest, daß dieser Zahn unmöglich schmerzen könnte, da er wurzelbehandelt wäre und somit keine Nerven mehr hätte. Ich

bin ja nicht blöd! Wieder tippte ich ganz genau auf jene Stelle, von der ausgehend der ganze Unterkiefer, ja, sogar der Hals und die Lymphdrüsen in Mitleidenschaft gezogen waren, so daß ich mich die ganze Nacht gepeinigt fühlte und nicht schlafen konnte.
Erst das Röntgenbild brachte an den Tag, was die Ursache der quälerischen Schmerzen war: Ein winziges Restchen einer Wurzel, das bei der Wurzelbehandlung — die übrigens nicht Evelin vorgenommen hatte — übersehen wurde und im Gewebe übrigblieb. „Aber", so fragte ich, während ich das Röntgenbild betrachtete, „wie kann ein so kleines Knochenstück so heftiges Weh erzeugen? Ich übertreibe wirklich nicht, wenn ich sage, daß es ganz arg war. Schau nur, meine Backe ist ganz geschwollen", fügte ich hinzu, weil ich meinte, mich vor dem Vorwurf der Hypochondrie verteidigen zu müssen. Da erklärte mir Evelin, daß ein Wurzelstück ohne die dazugehörige funktionsfähige Wurzel samt Zahn vom Organismus als Fremdkörper aufgefaßt wird und daß die argen Schmerzen daher rühren, daß das Abwehrsystem alle verfügbaren Kräfte einsetzt, um diesen loszuwerden. Sie erklärte mir weiter: „Du mußt dir vorstellen, wie der kleine Knochensplitter von den Antigenen von allen Seiten attackiert wird, damit er sich in Eiter auflöst und ausgeschieden werden kann." Dazu machte sie entsprechende Handbewegungen, um diese Attacke auch bildlich zu verdeutlichen. Wohlgemerkt: Ich hatte Evelin kein Wort von der intensiven Beschäftigung mit meinem Immunsystem erzählt, schon gar nichts von meinem inneren Zwiegespräch mit meiner Thymusdrüse.
Eines wollte ich von Evelin noch wissen, obwohl es für mich ohnehin schon klar war: Warum kommen die Lymphozyten erst jetzt darauf, diesen Wurzelrest als Fremdkörper zu identifizieren und auszutreiben? Die Wurzelbehandlung liegt zehn Jahre zurück, der Zahn ist seit vielen Jahren tot, und noch nie hat er mir wehgetan. Darauf zuckte sie mit den Schultern und sagte, das wisse sie nicht. Das sei eben so.

GESCHENKE SIND GIFT

„Ein Gift, welches nicht gleich wirkt,
ist darum kein minder gefährliches Gift“.
(Lessing)

Vor einigen Jahren, als ich im Flughafenrestaurant von Linz auf meinen Abflug wartete, fing ich den Satz einer Kellnerin auf, die die zweifelhafte Einladung zu einem Drink ablehnte: „Danke, ich will nichts geschenkt. Geschenke verpflichten.“ Zündender Funke!
Eine Nachbarin brachte mir das vor Tagen geborgte Ei zurück. Auf mein wohlwollend lächelndes „Das eine Ei brauchen Sie mir doch nicht zurückzugeben“ kam die Entgegnung: „Ich will nichts geschenkt.“ Ich selbst bin Menschen gegenüber sehr empfindlich, die sich mit materiellen Geschenken oder übertriebener Dienstbeflissenheit bei mir „einkaufen“ wollen, denn meine Erfahrung hat mich gelehrt, daß die meisten Geschenke nicht aus freiem, übervollem Herzen gegeben werden, sondern so etwas wie Investitionen sind, die irgendwann einmal Kapital schlagen sollen und dies meist zu meinem Schaden. Werbegeschenke erfüllen denselben Zweck. Der weiße Mann brachte den Eingeborenen wertloses Gelumpe, um sich der Rohstoffe des Landes und der Menschen zu bemächtigen. Als der griechische patriarchale Danaerstamm die Belagerung Trojas scheinbar aufgab und sich zum Schein zurückzog, hinterließ er ein Geschenk — das Trojanische Pferd. Hinter die Stadtmauer von Troja gezogen, entpuppte es sich als eine Art Geheimwaffe, mit deren Hilfe es den Danaern gelang, das noch matriarchal organisierte Troja von innen her zu besetzen und es schließlich (und danach alle alten Kulturen) zu vereinnahmen. Bekanntlich befand sich in diesem hölzernen Pferd die zum Vernichtungsschlag ausholende, stärkste Kampfgruppe der Griechen. Ihr gelang von innen, was von außen scheiterte.

Einem Virus gelingt es, auf ähnliche Weise in eine Zelle einzudringen und mit seinem krankheitserregenden DNS-Programm diese zu zerstören. Auch der Virus bietet sich als Geschenk an. Eine Zelle faßt einen sich nähernden, ihr (noch) unbekannten Virus als willkommene Eiweißnahrung auf. Nur so kann es dem Virus gelingen, einzudringen und seinen Giftsaft im Inneren der Zelle zu deponieren, wonach der bekannte Prozeß der Vereinnahmung der Zelle und somit die Umgestaltung der zelleigenen Erbinformation in die virale Information beginnt. Die Virusinformation bewirkt jedoch hemmungslose Vermehrung der Virusart, Zerstörung der Zelle, des Zellverbandes und schließlich die Zerstörung des ganzen Organismus. Das Geschenk ist Gift. Bezeichnenderweise lautet das englische Wort für Geschenk „gift". Die Brautgabe, Mit-Gift genannt, hat dieselbe Funktion.
Der leibhaftige Böse im Märchen oder der unsichtbare böse Geist am Orakeltisch bedient sich derselben Tricks. Er bietet Geschenke an, um sich die Seelen geneigt zu machen und schließlich der ganzen Seele habhaft zu werden. Der Böse kann mit Hilfe seiner Bündnispartner fast jeden Wunsch erfüllen. Das Bäuerlein, das mit seinem Blut den Vertrag mit dem Teufel unterschrieben hat, findet sich mit Gold und Edelsteinen „gesegnet". Aber nicht nur Güter beschert der Böse. Auch Fähigkeiten, Fertigkeiten und Macht werden dem meist ahnungslosen Opfer zuteil. Nicht anders ist es z.B. mit Büchern, in denen Autoren ihre Leser mit kleinen Wahrheits- und Weisheitsgaben geneigt machen, um ihr Lügen-Gift unterzubringen. Der Alte und der Neue Bund der patriarchalen Eidgenossen wirbt in der Bibel — dem Buch der Bücher — um die Gunst der Leser. Wer soviel Wahres, das er aus eigener Erfahrung kennt, in sich aufnimmt, „frißt" die mitgelieferten Lügen gleichsam mit, die, einmal verinnerlicht, von innen her ihre zerstörende Wirkung tun.
Nach Jahr und Tag holt sich der Teufel jedoch das, worum es ihm eigentlich ging und wofür er investiert hatte. Dann hat das Opfer die wirkliche Bescherung. Das Bäuerlein

„hat den Scherben auf“ – es steht vor den Scherben seines Glücks.
Im Unterschied zu unseren Gegenwartswidersachern legt der Teufel im Märchen die Geschäftsgebarungen offen, indem er den Preis nennt: „Unterschreib mit deinem Blut; in Jahr und Tag komm ich wieder und hol mir deine Seele.“ Das Geschäftsrisiko ist hiermit bekannt. Der Böse, der sich seinem Opfer in einer spiritistischen Sitzung nähert, verhält sich hingegen gerissener. Geschickt getarnt als Wohltäter, spiritueller Führer, geistiger Berater . . . teilt er seine „gifts“ bereitwillig und scheinbar großzügig aus. Den Preis nennt er nicht. Dessen ist er sich in der Regel jedoch sicher. (Die Märchenversionen, in denen es den Geschäftspartnern gelingt, den Teufel zu überlisten, sind meiner Meinung nach nachträglich vollzogene Fälschungen der Wirklichkeit. In allen Zeiten wurden Seelen kassiert.)
Der Giftsaft ist lediglich das Transportmittel für das tödliche DNS-Programm, das, einmal ins Innere der Zelle gelangt, von da aus seine verheerende Wirkung tun kann. Das Geschenk ist nur das Transportmittel, das sein für Geschenke anfälliges Opfer von innen her besetzt und im Sinne des Schenkers (Spenders) umgestalten kann.
Die ganze Geschäftswelt ver-sorgt sich auf diese Weise mit Kunden. Die Firmen überbieten sich mit Werbegeschenken und Sonderangeboten. Sie erklären den Kunden zum König, um ihn dann als Melkkuh für sich nutzbar zu machen. Institutionen winken mit Beihilfen, Steuerbegünstigungen, Subventionen und den verschiedenen „Förderungen“, gebärden sich als die großen Retter und Helfer, damit sie ihre Opfer an ihre Ideologie binden, abhängig machen und für die eigene Sache verpflichten können.
Jeder Werber stellt sich vorerst mit einer Vielzahl von Geschenken ein, um sich das Opfer geneigt zu machen und später zu erwerben. Nicht anders ist es mit den finanziellen Gaben, materiellen Geschenken und den verschiedenen Hilfsangeboten von Familie, Freunden und

Bekannten. Das geschenkte Auto vom Vater, die Geldspende der Großmutter, die Protektion des Onkels, die scheinbar großzügigen Geschenke des Liebhabers und die Hilfsdienste der Mutter — sie alle ver-pflichten und machen den Beschenkten vom Schenker abhängig. Wie fängt man Tiere? Man legt einen Köder aus oder man füttert sie eine Zeitlang regelmäßig, damit sie Ver-trauen gewinnen. Danach — man weiß ja . . .
Geschenke ver-pflichten: Sie lassen die Pflicht sich selbst gegenüber vergessen. Jene Pflicht, die in der sorgsamen Pflege der eigenen Seele, deren Schutz und deren Wachstum besteht.
Bei Geschenken gilt es zu prüfen: Wer schenkt? Was ist der Beweggrund des Schenkers und was will er dafür? Was ist mein Beweggrund, dieses Geschenk zu nehmen? Wann und warum muß ich ein Geschenk ablehnen?
Die kurze Ersatzbefriedigung, die Lust am Kriegen und Haben, darf nicht darüber hinwegtäuschen, daß am Ende Ver-Lust droht — Verlust der Seele. „Ich kann mir das leisten" und „Geld spielt keine Rolle" sagt jemand, der die eigentliche Bedeutung von „leisten" im Sinn von „lernen" vergessen und die Stimme des Gewissens erfolgreich unterdrückt oder gar verloren hat. Ein Geschenk ist der Gabe entgegengestellt. Es ist das Surrogat einer Gabe. Begabungen sind nicht-materielle Gaben, die sich offenbaren, mehren und mitteilen wollen. Nur solche Gaben können dauerhaft befriedigen. Befriedigt werden sowohl die Geber als auch die Empfänger. Nur Gaben von Selbst-Begabten können anregen und bereichern.
Schenken ist im Sinne von einschenken zu verstehen. Ich erinnere, daß Nukleinsäure eine Flüssigkeit ist, die der Zelle eingeschenkt wird. Auch der Volksmund weiß über die böse Beeinflussung der Seele Bescheid, wenn er mit bedeutsamem Unterton sagt: „Der oder die hat dir ganz schön eingeschenkt . . ." Sind wir mutig genug, um der Wahrheit ins Auge zu schauen, so bitten wir unsere ebenso mutigen Freunde, uns nicht seelenvergiftende Lügen, sondern reinen Wein einzuschenken.

EINS UND ALLES

„Durch Eintracht wächst das Kleine,
durch Zwietracht zerfällt das Größte“
(Sallust)

„Atome und Seelen waren in der Sprache der Eingeweihten gleichbedeutend“ (Blavatsky). Dieser Satz, irgendwann, irgendwo aufgelesen, elektrisierte mich. Da ich vorerst nichts damit anfangen konnte, speicherte ich ihn in meine Interessensscheune ein. Auf der verzweifelten Suche nach Erklärungen für die unheimlichen Phänomene und nach dem dahinterliegenden Gesetz kam mir dieser Satz wieder in den Sinn und so begann ich, mich um Atomphysik zu kümmern. Und siehe da – was sich in meinem Ahnungsbereich als innere Gewißheit anfühlte, fand durch die Grundaussagen der Atomphysik Bestätigung. Seltsam, daß die meisten Menschen über Naturwissenschaft besser Bescheid wissen als über ihre eigene innere Natur, daß ihnen in groben Zügen die Physik vertrauter ist als ihr eigener Körper und dessen physikalische Vorgänge und sie über Teilchen, Strahlen und Kernphysik besser Auskunft geben können als über ihre eigenen Persönlichkeitsteile, ihren Seelenkern und ihre eigene magnetische Ausstrahlung.
Daß Atome das gleiche (wenn auch nicht dasselbe) wie Seelen sind, ist unmittelbar einleuchtend. Dies zu akzeptieren, bedarf es keiner besonderen Einweihung. Schließlich weiß man, daß jede lebendige Einheit durch das Zusammenwirken der Elemente ent- und besteht und daß in allen Einheiten/Ganzheiten dasselbe Lebensgesetz bestimmt. Die Natur funktioniert nach einfachen Grundprinzipien. Alle sogenannten Erfindungen und Entdeckungen – jedwede Technik basiert auf diesen einfachen Grundprinzipien. Technik ist schließlich nichts anderes als eine mechanische Nachahmung der Naturvorgänge, leider meist in pervertierter Form.

Wie im Mikrokosmos so im Makrokosmos. Das Gesetz wirkt im Kleinsten wie im Allergrößten. Der Atomforscher Niels Bohr hat dank eines Traumes, in dem er sich auf einer Sonne aus brennendem Gas sitzen und Planeten zischend vorbeirasen sah, das seit langem gesuchte Atommodell gefunden. Die Sonne war der feststehende Mittelpunkt, um den die Planeten kreisen. Das Atom ist der mikroskopische Nachbau des Sonnensystems. Angeblich ist aus diesem Traum die ganze moderne Atomphysik samt Anwendung hervorgegangen. Da Atome mit Sonnensystemen verglichen werden, wird es wohl auch statthaft sein, sie mit menschlichen Ganzheiten zu vergleichen, umso eher, als Atomen mittlerweile Individualität, Erinnerungsvermögen, Intelligenz — also Bewußtsein — zugesprochen werden.

Da ich nicht vorhabe, ein Lehrbuch über Atomphysik zu schreiben, weil ich ja schließlich keine Atomforscherin, sondern Seelenforscherin bin, werde ich hier nur jene wissenschaftlich gesicherten Erkenntnisse anführen, die die entsprechenden Seelenzustände und -vorgänge beleuchten und verstehen helfen sollen.
Ich rufe Seite 80ff. in Erinnerung und wiederhole: Jede Ganzheit besteht aus den vier Urelementen bzw. deren Einigkeit — Quintessenz genannt. Die vier Urelemente haben in der Wissenschaft andere Namen. Ich habe ausdrücklich betont, daß ich der Universalität wegen das Urelement Feuer Göttin Lucia nennen werde, das Urelement Wasser Göttin Tiamat, das Urelement Luft Göttin Hera und das Urelement Erde Göttin Diana.
Was in der Sprache der Atomphysiker Elektrizität[1] genannt wird, ist Göttin Lucias Kraft. Magnetismus ist Göttin Heras Kraft. Die Kernkraft ist Göttin Tiamat und Masse bzw. die Körperhaftigkeit der Teilchen, Korpuskel[2] genannt, ist Göttin Diana.

---

1 Elektrizität von griech. elektron = „Brennstein“
2 Korpuskel von lat. corpusculum = „Körperchen“

Die allerkleinste, chemisch nicht mehr zerlegbare Einheit ist das Atom[1]. Atom ist die Bezeichnung für die früher als unteilbar angesehene allerkleinste Wesenheit. Atome haben jedoch wie alle Ganzheiten die Fähigkeit, sich aus eigenem Antrieb, von innen her, zwecks Mehrung selbst zu teilen (siehe natürliche Kernteilung bzw. natürliche Radioaktivität; sowie Zellteilung — die natürlichste Art der Fortpflanzung)

In Analogie dazu: Jede menschliche ganze Wesenheit besteht aus dem Seele-Geistkern, der leiblichen Hülle (dem „lebendigen Kleid der Seele") und einer elektromagnetischen Ausstrahlung.

Der Atomkern entspricht dem menschlichen Selbst, dem Seele-Geistkern, und die den Atomkern umkreisenden Elektronen entsprechen dem menschlichen Ich.

Der Atomkern besteht aus Protonen (Proton „das Erste") und Neutronen („keines von beiden"). Protonen und Neutronen bestehen wiederum aus einer immateriellen Substanz — Quarks genannt. Protonen tragen eine positive elektrische Ladung, Neutronen sind ungeladen.

Die Kompaktheit und Intaktheit des Kerns wird durch die enorme Bindungskraft der Quarks gewährleistet. Diese Bindungskraft, welche die Welt des Atoms im Innersten zusammenhält, ist die Kraft Göttin Tiamats. Um genau diese Kernkraft, die jede individuelle Welt im Innersten zusammenhält, und zwar die Welt sowohl des Atoms als auch der Zelle, des Moleküls, des Organs, des Organismus, des Planeten, des Sonnensystems, der menschlichen Seele . . ., geht es letztlich den Teile-und-Herrsche-Machthabern.

Der menschliche Seele-Geistkern beinhaltet die gesamte Erbinformation. Er garantiert die Individualität, die Einzigartigkeit und Integrität des ganzen Menschen.

„Ist der Kern unversehrt, kann jeder Fehler oder Mangel in der äußeren Hülle korrigiert werden."

---

[1] Atom von griech. átomos = „ungeschnitten; unteilbar". Diese Definition gilt jedoch nur für die Zeit vor der Atomzertrümmerung.

Der (Seele-Geist-)Kern hat, solange er intakt ist, ewiges Leben. Mit dem ewigen Leben der Individualität ist es vorbei, wenn der Kern gespalten wird und seine Bestandteile als Splitterwesen umhergeistern.

„Ein Atom ist dann in Ruhe, wenn es gleich viele Protonen wie Elektronen hat. Die positive Ladung der Protonen und die negative Ladung der Elektronen gleicht sich aus. Um ein Atom aus der Ruhe zu bringen, werden ihm Elektronen herausgeschlagen. Ein Elektron weniger, und das Atom kommt ins Trudeln."

Wenn die Spannung zwischen menschlichem Selbst und Ich ausgeglichen ist, ist ein Mensch stabil. Um einen Menschen aus der Seelenruhe zu bringen, wird er an seinem Ich angeschlagen, indem die aus dem Inneren geschöpften Gewißheiten in Zweifel gestellt werden.

„Wenn ein Atom seine Identität ändern will, muß sich der Kern ändern."

Wenn eine menschliche Wesenheit ihre Identität ändern will, muß sich der Seele-Geistkern ändern.

„Ein gespaltener Atomkern verliert seine Identität, die ja von der Anzahl der Protonen bestimmt wird."

Ein gespaltener Seele-Geistkern verliert seine Identität, die ja von seiner persönlichen Geschichte und somit von der Gesamtheit der Erbinformationen von Anfang an bestimmt wird.

„Das Ergebnis einer Atomkernspaltung sind Teilchen."

Das Ergebnis der Seele-Geistkernspaltung sind Teilpersönlichkeiten, Halbwesen ohne Halt und Ziel.

„In der Atomphysik werden die bei der Atomkernspaltung frei gewordenen Teilchen[1] für weitere Atomkernzertrümmerungen benutzt."

In der menschlichen Gesellschaft werden Splitter- oder Halbwesen ohne Gewissensstimme (es fehlen ihnen ja die wichtigsten, weil ältesten Teile der Erbinformation) zum Teilen, Spalten und Zerstören individueller, lebendiger Einheiten benutzt.

„Neutronen sind die ‚Haustierchen' der Atomphysik."

Menschliche Halbwesen sind die dienstbaren Geister der Vernichtungsmaschinerie.

---

[1] Anm.: in Wahrheit: die einsamen Teilchen

„Neutronen sind instabil. Stabil können sie werden, wenn sie sich an ein ganzes Atom anlegen und sich mit diesem verbinden (fusionieren). Dadurch haben sie die Möglichkeit, sich in ein Proton zu verwandeln."

Menschliche Halbwesen können teilhaben an der umfassenden Erkenntnis und ihr inneres Gleichgewicht finden, wenn sie sich an eine menschliche Ganzheit anschließen und per Identifikation (Verschmelzung) das Fehlende nachlernen.

„Atome unterscheiden sich in Größe, Form und Masse voneinander."

Menschliche Ganzheiten unterscheiden sich in Größe, Form, Körperaussehen, Eigenschaften und Reife voneinander.

„Die Gesamtenergie eines Atoms hängt davon ab, wie seine inneren Magnete ausgerichtet sind."

Die gesamte Energie einer menschlichen Ganzheit hängt davon ab, wonach sich ihr innerer Glaube und die daraus hervorgehenden Gedanken, Worte und Werke ausrichten.

„Die höchste Energie besitzen Kristalle, deren Pole mit den Magnetpolen der Erde gleichgerichtet sind."

Die höchste Energie besitzen Menschen mit krist-all-klarem Bewußtsein, deren Gedanken, Worte und Werke mit den natürlichen Polaritäten der Erde, gemäß den Gesetzen der Natur gleichgerichtet sind.

„Umlauf und Spin

„Umlauf und Spin (= Eigendrehung) der Elektronen erzeugen das zwischen dem Kern und der Elektronenbahn liegende Magnetfeld. Bei Stillstand liegt um das Elektron ein elektrisches Feld, bei Bewegung kommt Magnetismus dazu."

Bleibt ein Mensch nicht in Entwicklung, kommuniziert er nicht mit sich selbst sowie mit Gleichgearteten seiner Umwelt und kommt es zum seelisch-geistigen Stillstand, dann fehlt ihm das sowohl anregende wie auch schützende Bewußtseinsfeld. Starre Geisteshaltung, seelische Unbeweglichkeit, mangelnde Flexibilität und Reflexionsfähigkeit beeinträchtigen die Ich-Stärke und somit die Fähigkeit, sich gegen Bewußtseinsgifte jeder Art abzuschirmen.

Was den Menschen fehlt, fehlt schließlich der ganzen Erde. Die Feldstärke des irdischen Magnetfeldes nimmt laufend ab, so daß die harte kosmische Strahlung, Teilchenregen genannt, ungehindert eintreten kann.

„Hohe Temperaturen wirken entmagnetisierend."

Die Erhitzung der Erde ist die Folge der hitzigen Getriebenheit der Menschen. Unruhe, Geschäftigkeit, die tägliche Hetze, Rhythmusstörungen, Reizüberflutung, Überspannung . . . beeinträchtigen das seelisch-geistige Gleichgewicht und damit die schützende Ausstrahlung.

„Gemäß dem biologischen Grundgesetz regen schwache Reize aller Art die Lebensvorgänge an, mittlere Reize fördern sie, starke Reize hemmen und die stärksten Reize lähmen sämtliche Lebensvorgänge".

Sind wir nicht rege von innen heraus, sondern lassen uns stattdessen von außen erregen, reizen, anstacheln, dann werden sanfte, wachstumsfördernde Anregungen übertönt, und in weiterer Folge wird deren Inhalt gelöscht. Das Ergebnis sind Hemmungen, ja, auch Lähmungserscheinungen sämtlicher Lebensvorgänge, Verlust der schützenden Bewußtseinsstrahlung und die Beschleunigung des Entmagnetisierungsvorgangs.

Quantensprung:

Quantensprung: „Elektronen können sich nur auf einem bestimmten Energieniveau aufhalten. Ein Elektron kann aber von einem Niveau auf ein höheres springen, wenn eine elektromagnetische Welle (Elektronen sind Teilchen und Welle oder Strahl) von der gleichen Frequenz und Phase durch das Atom hindurchgeht. Wenn eine elektromagnetische Welle oder ein Strahl genau zur Wellenbewegung des Elektrons paßt, wird Energie übertragen – mit der Folge, daß sich das Elektron auf ein höheres Energieniveau bewegt. Der Energiezuwachs stammt von außen, von der Welle oder dem Strahl." Umgekehrter Ablauf: „Zur Abgabe von Strahlung kommt es, wenn ein Elektron bereits in einem erregten Zustand ist. Kommt eine elektromagnetische Welle von außen an, paßt sie zur eigenen Wellenbewegung des Elektrons, wird blitzartig Energie vom Elektron ins elektromagnetische Feld übertragen; die Strahlung wird verstärkt." „Auch Protonen und Neutronen besitzen durch ihre Bausteine, die Quarks, bestimmte Energieniveaus. Wenn sie angeregt werden, können sie in ein höheres Energieniveau springen und umgekehrt."

Ersetze ich das Wort „Quantensprung" durch das Wort

„Bewußtseinssprung“, und das Wort „Elektron“ durch „Ich-Bewußtsein“, und berücksichtige ich, daß es bei den Quanten, den sogenannten Energiepaketen, nicht allein um Quantität, sondern auch um Qualität geht (jede Welle bzw. jeder Strahl trägt nicht nur eine meßbare Energieladung, sondern auch eine bestimmte, unmeßbare Information), dann klingt die eben zitierte Quantentheorie der Atomphysik, übertragen auf die menschliche Geistesebene so: Das menschliche Bewußtsein hat ein bestimmtes Niveau. Auf ein höheres Bewußtseinsniveau kann man springen, wenn die Ausstrahlung eines Geistes von derselben Qualität durch einen sanften Anreiz auf das Ich und/oder das Selbst wirkt und die grundgelegten Möglichkeitskeime anregt. In diesem Fall wird sowohl Energie als auch qualitätsvolle Information von außen übertragen, mit der Folge, daß sich danach ein Mensch aufgeladen fühlt und sich durch die Information auf einem höheren Intelligenzniveau bewegt.
Das kenne ich: Begebe ich mich in einen Zustand der inneren Wachheit, mit Ausschaltung der Gedankenstürme und Körperfunktionen, dann finde ich Zugang zu meinem Mondbewußtsein, das im hektischen Alltagsgeschehen keine Chance hat, wahrgenommen zu werden. Erst, wenn die Außenaktivität ausgeschaltet ist, tritt die innere Aktivität in Kraft, die, auf sanfte Weise angeregt, mir ein Mehr an Energie und ganzheitlicher Klarheit über bestimmte Problembereiche beschert. Diesen Vorgang erlebe ich manchmal als sprunghaft. Ebenso können mich Zeichen aus der äußeren Natur anregen. Die Folge sind Aha-Erlebnisse, nach denen ich die Dinge, die vordem im Halbschatten lagen, in einem anderen Licht sehe. Für mich ist ganz klar: Wachstumsimpulse und damit verbunden ein Mehr an Selbstbewußtsein und Ich-Stärke habe ich den weichen, sanften Anregungen der heilen Geister zu verdanken. Meine Seelenmutter hilft mir auf die „Bewußtseins-Sprünge“.
Verkehrter Ablauf: Wenn man ohnehin schon übererregt und gereizt ist, wenn man sich im Ungleichgewicht befin-

det, überspannt, aus dem Rhythmus, wenn man nicht nach den Lebens- und Liebenswerten orientiert ist, sondern Aggressivität, Gereiztheit, Härte und Lebensüberdruß ausstrahlt, dann wird eine entsprechende Welle (oder ein Strahl) derselben Qualität angezogen. Nicht nur, daß dieser harte, aggressive Strahl Energie absaugt, wodurch das Quantenfeld, zu dem der Strahl gehört, eine erhöhte Strahlung bekommt; noch mehr: In einer Art Vernichtungsblitz wird ein Teil der eigenen Lebensinformation gelöscht und anstelle dessen eine falsche Information eingespeichert. Oder: Die selbstschädigenden Glaubensinhalte und die falschen Wertorientierungen werden verstärkt und das eigene Selbst-Wertgefühl geschwächt. Nach diesem Prozeß befindet man sich in einem kraftlosen Zustand, ist dümmer als zuvor und geht noch weiter in die Irre.
Harte, aggressive Strahlen haben es an sich, daß sie die Lebensvorgänge hemmen oder gar lähmen, also kommt zur Energielosigkeit und Stumpfheit auch noch eine Blockierung hinzu, die subjektiv als Depression erlebt wird. Schließlich ist Depression nichts anderes als ein Absinken unter das eigene, normale Niveau. Was in der Quantentheorie ein Strahl ist, der blitzartig Energie auf sein Quantenfeld überträgt, ist auf der menschlichen Bewußtseinsebene nichts anderes als ein Dämon, der sich auf Kosten menschlicher Wirtspersonen nährt, seine „Bruderschaft" mästet und im Bewußtsein seines Opfers seine böse Saat hinterläßt.

Kernspaltung

Kernspaltung ist die „Zerlegung eines Kernes mit hoher Nukleonenzahl (viele Protonen und Neutronen) in zwei Kerne mit mittlerer Nukleonenzahl."

Auch hier gilt es zu unterscheiden: zwischen einer natürlichen Kernspaltung, die aus eigenem inneren Antrieb erfolgt und somit dem Akt einer mütterlichen Mehrung entspricht, und der Kernspaltung, die künstlich und gewaltsam von außen erfolgt. Im ersteren Fall werden die Nachfolgekerne wohl eine verminderte Quantität, jedoch dieselbe Qualität wie der Ursprungskern haben. Bei der gewaltsamen Kernspaltung von außen ist sowohl die Quantität wie auch die Qualität vermindert. Analog: Den Spaltprodukten fehlen wichtige Erbinformationen. Die Folge einer erzwungenen Spaltung sind halbherzige, unsinnige oder fehlgeleitete Handlungen.

„Eine künstliche Kernspaltung wird durch Beschuß mit schon vereinzelten Teilchen bzw. äußerst gefährlichen, harten Strahlen erreicht."

In riesigen Beschleunigungsapparaten werden diverse Teilchen hochaggressiv gemacht. Wir kennen den umgangssprachlichen Ausdruck „Ich stehe unter schwerem Beschuß", wie es zum Beispiel bei Verhören, bei schweren Anschuldigungen, bei Rededuellen, die in allen Institutionen, angefangen in der Familie, über Schule, Management, bis hin zu allen politischen Gremien Brauch ist. Niemand kann dem Bombardement hochaggressiver Spalt- und Splitterwesen unbeschadet standhalten, es sei denn, die dergestalt angegriffene Person kann sich entziehen und sich, um ihre Identität zu erhalten, mit gleichgesinnten, seelenverwandten Personen zusammenschließen.
Die sogenannte schnellebige Zeit ist in Wahrheit von hochaggressiven, beschleunigten und ihrerseits beschleunigenden Spaltwesen bewußt und absichtlich initiiert. Genauer: Nicht die Zeit ist schnellebig, sondern die Menschen. Sie werden angeheizt und zur Unrast gezwungen. Schnellebigkeit wird propagiert, Muße abqualifiziert. Je schneller, je größer, je weiter . . . desto eher entspricht man dem Zeitgeist. Selbst getrieben, treiben Halbwesen als die Herrscher dieser Welt ihre „Untertanen" zu immer höheren und schnelleren Leistungen an. Das Ergebnis sind weitere Spaltungen auf der Seite jener, die noch einen ganzen Kern haben. Ihre Energie, die sie für ihr eigenes inneres Wachstum dringend bräuchten (dazu ist sie ja da), wird der Zerstörungsmaschinerie zugeführt. Durch diese Kettenreaktion wird erreicht, daß der

zivilisatorische Fortschritt, der in Wahrheit ein gigantischer Zerstörungsprozeß ist, an Rasanz zunimmt.

„Die bei einer Kernspaltung freigesetzte Energie übertrifft alle anderen ausnutzbaren Energieformen um das Millionenfache."

Ein Mensch mit Persönlichkeitsspaltung stellt eine dauerhafte Energiequelle für das gesamte Pandämonium dar, denn mit der Seele-Geistkernspaltung geht die eigene Identität, die komplette Erbinformation und der eigene Wille verloren. In sich gespaltene Menschen werden zu seelenlosen Computern, die, willenlos zu nützlichen Idioten degeneriert, zu Handlangern des Pandämoniums[1] werden.

„Bei der Kernspaltung oder -zertrümmerung treten gleichzeitig sehr starke, unter anderem zu Strahlenschäden führende elektromagnetische Strahlen und Teilchenstrahlen auf."

Menschen im Zerfallsprozeß wirken in Gedanken, Worten und Werken verheerend auf ihre Umwelt ein. Unbewußt trachten sie danach, alle Ganzheiten, denen sie begegnen, ihrem eigenen Zustand gemäß zu spalten, zu zertrümmern und zu zerstören. Jeder Mensch geht bei seinen Wahrnehmungen und Handlungen von sich aus. Dieses Phänomen ist der reale Hintergrund für die in den sechziger Jahren wieder so modern gewordenen Draculageschichten.

Graf Dracula ist die ins Irdische verlagerte Symbolfigur der dämonischen grauen Eminenz des unsichtbaren Bereiches, welche vom Steuerpult aus das Geschehen dirigiert. Seine Begleittiere sind Werwölfe und jene Fledermausarten, die wegen ihrer blutsaugerischen Veranlagung tatsächlich Vampire heißen. Jede Person, die gebissen wird, spendet nicht nur ihr Blut, sprich ihren Lebenssaft, den Seelenstoff, sondern wird darüber hinaus auch selbst zum willenlosen Werkzeug des Dracula und ist ständig auf der Suche nach neuen Opfern, die sie, in diesem Fall durch Biß in die Halsschlagader, zum Blutspender und Anhänger des Dracula macht.

---

1 siehe das Kapitel PANDÄMONIUM, S. 117

Kernreaktion

Kernreaktion ist „ein natürlicher oder künstlich hervorgerufener Umwandlungsprozeß von Atomkernen." „Schwere Kerne teilen sich ohne äußere Einwirkung, ohne äußere Beeinflussung in ein Mutter- und ein Tochter-Nuklid[1], wobei sie einen Teil ihrer Kernmasse in Form energiereicher Alphateilchen aussenden."

Es ist eine natürliche Sache, daß Menschen in einem Kommunikationsprozeß von Aktion und Reaktion stehen und, indem sie sich mit-teilen, Erkenntnisse abgeben und aufnehmen und ihre Persönlichkeit zu einer höheren Qualität, einer größeren Fülle und umfassenderen Größe umformen. Diesen natürlichen Umwandlungsprozeß strahlt die Person aus. Sie hat eine befruchtende und anstoßgebende Wirkung. Das Leuchten, das eine Person ausstrahlt, die als leuchtendes Beispiel und Vorbild vorangeht, animiert und stimuliert auf sanfte behutsame Weise die inneren Regungen der Personen in ihrem Umfeld. Die anregende, natürliche Radioaktivität wirkt, so wie man mittlerweile weiß, sowohl auf Pflanzen als auch auf Tiere und erst recht auf Menschen.

„Erzwungene Kernreaktion heißt Stoßreaktion. Der Zusammenstoß eines Elementarteilchens mit einem Kern kann elastisch oder unelastisch erfolgen. In diesem Fall kann ein Teilchen in einen angeregten Zustand übergehen. Es kann sich aber auch die Teilchenart oder die Anzahl der Teilchen durch den Stoß verändern. Dabei wird ein bestimmter Energiebeitrag frei."

So hart wie dieser Anstoß war, so hart ist auch die Strahlung nach dem Zerfall. Diese durch gewaltsame Kernspaltung herbeigeführte Strahlung ist die wirklich gefährliche Radioaktivität. Geschoßartig durchbricht sie fast alle Stoffe, dringt in menschliches Gewebe ein, zerstört menschliche Moleküle und Zellen und schließlich die Erbsubstanz.

Elastizität und Flexibilität sind Eigenschaften kreativer Menschen. Unelastizität, also geistig-seelische Starre macht uns anfällig für harte Stöße und verleitet zu ebenso harten Gegenschlägen. Nur kreative Menschen sind in

---

[1] Nuklid von lat. nucleus = „Kern"

der Lage, zwischen einem sanften nützlichen und einem harten schädlichen geistigen Anstoß zu unterscheiden; auf einen nützlichen dankbar zu reagieren und einen schädlichen, der in eine falsche Richtung zwingen will, elastisch zu parieren. Im Falle eines hilfreich-nützlichen Anstoßes fühlen wir uns auf angenehme Weise angeregt, die freigewordene Energie können wir für eine wachstumsfördernde Handlungskonsequenz nützen. Im Falle eines schädlichen Stoßes kann es passieren, daß, wenn wir nicht beweglich genug sind, um den Angriff kraft unseres Wissens abzuwehren, wir uns auf unangenehme Weise erregt fühlen, angespannt, ja überspannt sind und sinnlose, falsche und sogar schädigende Aktionen setzen.

Kernkettenreaktion

Kernkettenreaktion ist „eine Folge von Kernspaltungen, bei der die freiwerdenden Neutronen jeweils weitere Kernspaltungen bewirken, so daß die Reaktion, einmal in Gang gebracht, von selbst weiterläuft, bis die Energie verbraucht ist."

Die Kernkettenreaktion menschlicher Seele-Geistkerne ist weltweit im Gange. Anarchistische, innerlich total vereinsamte Spalt- oder Splitterwesen sind pausenlos unterwegs, um weitere Kernspaltungen zu bewirken. Die Kettenreaktion läuft selbsttätig weiter und wird so lange weiterlaufen, bis alle Energie am Ende der Zeiten verbraucht ist.

Dieser Zeitpunkt ist ein Punkt ohne Wiederkehr der Spaltwesen. Er wird Jüngster Tag oder auch Jüngstes Gericht genannt. Die Geisterscheide, bestehend zwischen lebendigen, da intakten Seelen einerseits und toten, da zerstörten, zersplitterten Seelen andererseits, ist jetzt schon deutlich sichtbar. Die Kluft zwischen Lebenden und Toten, Biophilen und Nekrophilen, oder in der Sprache der Alten: Kindern des Lichts und Kindern der Finsternis, wird immer größer. Das Gute am Auseinanderdriften der beiden Welten — ich nannte sie in einem anderen Kapitel die matriarchale und die patriarchale Realität — ist, daß sie deutlicher unterschieden werden können.

Damit fällt es jedem Menschen, der sich herausgefordert fühlt, seine Integrität zu bewahren, leichter, die Ganzheit der Persönlichkeit wiederherzustellen und dem eigenen Seelenheil die erste Wichtigkeit einzuräumen.
Ein weiterer Vorteil, daß in dieser unserer Zeit der Unterschied zwischen Gut und Böse so spürbar und sichtbar zutage tritt, ist, daß das Böse und die Bösen deutlicher zu identifizieren sind. Es ist heutzutage leichter, die Feinde beim richtigen Namen zu nennen und ihnen als einzig wirksame Schutzmaßnahme jeden Energiebeitrag zu verweigern.
Ich werde oft gefragt, was denn die Folge des Jüngsten Gerichts sei. Hier ist die Gelegenheit, eine einfache Antwort zu geben: Nehmen wir an, es ist Herbst, der Winter steht bevor. Du wirfst eine Handvoll Getreideschrot auf den Komposthaufen. Was geschieht mit den zerriebenen, gespaltenen Teilchen eines ehemals ganzen Getreidekorns im darauffolgenden Frühjahr? Der im Komposthaufen in einem Zusammenspiel unzähliger, ineinandergreifender Vorgänge in Teile zerlegte Schrot findet sich in vielen verschiedenen Wesenheiten wieder. Die einzelnen Teile kehren in verschiedenen Zusammensetzungen in ein beliebiges Lebewesen ein, oder sie finden und fügen sich mit anderen Teilen zu einer beliebigen Wesenheit zusammen. So oder so — das Leben an sich setzt sich durch! Das Leben an sich wird immer in irgendeiner Form weiterexistieren. Die Kornpartikelchen, Mehlstaub genannt („Aus Staub bist du, und zu Staub wirst du wieder werden!"), müssen in der Evolution wieder ganz von vorne anfangen, um sich irgendwann in der Ganzheit Korn zusammenzufinden.
Was geschieht mit einer Handvoll Gerstenkörner, die du im Herbst auf den Komposthaufen wirfst? Sie ruhen im Winter in der Erde, sammeln Kraft und verdichten diese, um bereits im Frühjahr als unverwechselbare Identität namens Gerstenkorn wieder auszutreiben.
Und nun lege bitte diese Geschichte um auf die Menschenebene. Dem Schrot entsprechen die gespaltenen,

zermalmten, zerriebenen, in alle Bestandteile zerlegten menschlichen Seele-Geistkerne („Lauter Schrott!"). Im sogenannten Nuklearen Winter, nachdem auf der Erde alles drunter und drüber gegangen ist, und wenn der Planet ein einziger riesiger Komposthaufen sein wird, werden die zersplitterten Persönlichkeitskerne einkehren in wer weiß welche Wesenheiten, die es dann gibt. Niemand weiß, wie Flora und Fauna und die Krone der Schöpfung, das „vernunftbegabte Wesen", nach einem langen Weltenwinter im darauffolgenden Weltenfrühling, der Wiedergeburt der Erde, aussehen wird. Fest steht: Dem Leben kann man nicht entkommen. Die Frage ist nur, wie, wo, in welche Art, in welche Form, in welche Gestalt es einkehrt.

Menschen, die ihren ganzen Seele-Geistkern bewahren konnten, werden dann, wenn die Erde sich zum Sterben legt, wie das Korn im Komposthaufen ihre einzigartige Identität bewahrt haben, um bei der Wiedergeburt der Erde im neuen Frühling einer Epoche, die man später wieder Goldenes Zeitalter nennen wird, als eindeutig klare, integre Wesenheiten wiederzukommen. Sie werden ihren Lern- und Läuterungsprozeß wieder aufnehmen und in der Evolution fortschreiten. Nur ganzen Seele-Geistkernen ist ein ewiges Seelenleben garantiert. Die Verheißung „Die ewige Gültigkeit der Seele" ist nur anwendbar an dergestalt ganze Wesenheiten. Diese Erkenntnis würde ich am liebsten in das Stammbuch jener Menschen schreiben, die Genugtuung empfänden, wenn ihr individueller Tod mit dem Tod der Erde zusammenfiele (Motto: „Wenn ich gehe, sollen alle gehen!"). Die Hoffnung „Am Ende der Zeiten ist alles aus" ist trügerisch: Wir entkommen dem Leben nicht!

DER KERN DER SACHE

„Der Mensch ist die ‚kleine Welt', eingebettet in die große des Universums, und die beiden Welten spiegeln einander."
Die Zelle ist die kleine Welt, eingebettet in die große Welt des menschlichen Organismus.
Das Atom ist die kleine Welt, eingebettet in die große Welt der Zelle.
Alle Welten entsprechen einander.

Kennst du diese russischen Holzpuppen, in der eine kleine Puppe von gleichem Aussehen und gleicher Gestalt steckt? Unter dieser steckt noch eine kleinere, die genauso aussieht; darunter ist noch eine kleinere von derselben Art, und so weiter und so fort. Diese Holzpuppe kam mir in den Sinn, als ich mich aus Interesse an der menschlichen Seele mit Zellkernen und Atomkernen zu befassen begann und mir über den Erdkern und den Kern unseres Sonnensystems — „die liebe Frau Sonne" — Gedanken machte. Ich frage mich, ob diese russischen Holzpuppen nicht Symbole sind für Kerne aller Größenordnungen — einer im anderen verborgen? Wie auch immer: Ob Symbol oder belanglose Spielerei, mich hat der Anblick dieser Holzpuppe inspiriert, die gemeinsamen Merkmale aller Kerne ausfindig zu machen.
Vor dem Hintergrund folgender Tatsachen versuche ich nun im ersten Schritt, die gemeinsamen Merkmale aller Kerne herauszufinden, um im zweiten die entsprechenden Schlüsse auf den Seele-Geistkern zu ziehen.

1. „Das Eine ist Alles." Von einem kompletten ganzheitlichen Lebewesen kann man nur sprechen, wenn das Zusammenwirken der Elemente es zu einer spezifischen, selbständigen Einheit fügt.
2. In allen Einheiten/Ganzheiten wirkt ein und dasselbe Lebensgesetz.
3. Die Quint-Essenz jedes ganzheitlichen Lebewesens (jedes ganzen Dings, jeder runden Sache) ist im Kern ent-

halten. Der Kern IST die Quintessenz![1] Er ist das ewig Seiende. „Nichts Seiendes vergeht. Den Wechsel nennt man durch Irrtum Tod oder aufhören."

4. Die enorm starke Bindungskraft, welche die Bestandteile eines jeden Kerns zusammenhält, ist die Kraft der Göttin Tiamat — das Urelement der tiefen Wasser.
5. Die Grundbestand-Teile der Kerne aller Größenordnungen haben unterschiedliche Bezeichnungen: Im Atom heißen sie Teilchen: Protonen und Neutronen. In der Zelle werden sie Gene (Erbeinheit, Erbanlage) oder Chromosomen (Farbkörperchen, Träger der Erbanlage) genannt. In der unvergänglichen menschlichen Geistseele nennt man sie Mond- und Sonnenbewußtsein. „Die menschliche Seele ist zwillingshaft, zusammengesetzt aus den zwei Urbildern . . . als geistigem Urpaar: Sonne und Mond."
6. Alle Kernprozesse — auch Seelenkernprozesse — sind natürlichen chemischen Prozessen vergleichbar.
7. Solange der Kern intakt ist, bleibt die Identität erhalten.

Was ich im Folgenden über Atomkerne bzw. über Zellkerne zitiere, ist meines Erachtens auf alle Kerne, auch und vor allem auf den Seele-Geistkern anwendbar.

„Die Bindungsenergie innerhalb des Atomkerns ist etwa eine Million mal so groß wie die Bindungsenergie zwischen Kern und Hülle."
„Die Energie radioaktiver Atomstrahlung stammt aus dem Inneren des Kerns."
„Der größte Teil der Masse und die gesamte positive Ladung ist im Atomkern enthalten, auf ein winziges Volumen konzentriert."
„Die Kernmasse ist die Ruhemasse eines Atoms."

---

[1] Quint, von lat. quinque = „fünf"; in der Zahlenmystik die Zahl des Mehrens in Form natürlichen Mit-Teilens. Siehe z. B. Zellteilung: Die Chromosomen teilen sich, so daß jede neue Zelle das gleiche Erbgut mitbekommt. Siehe z. B. den Vorgang des matriarchalen Lehrens: Das aus dem Persönlichkeitskern geschöpfte Erfahrungswissen wird durch Beispiel und Liebe mitgeteilt, so daß ein Mehr an Weisheit entsteht.
Essenz = „Wesen, Wesentliches, konzentrierter Auszug"; von lat. esse = „sein"; vgl. griech. gen = „sein, werden . . ."

„Trotz seiner geringen Größe enthält der Kern nahezu die gesamte Dichte des Atoms."
„Die Kernkraft ist die stärkste aller Kräfte."
Atomkerne aus dem All werden von der modernen Wissenschaft Ionen genannt. („In der Mythologie der Polynesier wird die oberste Gottheit IO genannt. Diese besteht aus zwei Teilen: IO WASHINE und TE IO ORA. IO ist auch der siebte Himmel, von dem man die ‚Körbe der Lehre' erbittet. In allen Fällen bedeutet IO Sonderlinie oder Erblinie der göttlichen Mütter.")
„Der Zellkern ist das Zentrum der Zelle mit der zusammengeballten Masse der Chromosomen. In ihm liegt die ‚zentrale Bibliothek'; die darin gespeicherten Informationen entsprechen nach heutigen Schätzungen dem Inhalt einer Büchermenge, wie sie in einem 25 m^2 großen Zimmer Platz hätte, wenn man es vom Boden bis zur Decke mit Bänden in Lexikon-Format ausfüllte."

Genug der Zitate: Ich habe sie für mich gebraucht und hier angewendet, um nochmals deutlich zu machen, daß, so wie bei Atom und Zelle, das Wichtigste, Wesentlichste, Beste und Kostbarste bei einer Persönlichkeit der Kern ist. Der Kern birgt neben der dichtesten Energie alles Wissen und bestimmt damit die Identität und die Individualität eines Wesens, das sich in steter Wandlung von etwas Niederem zu etwas Höherem bewegt und auf diese Weise ewig und unvergänglich ist. Ein dichter, starker und konzentrierter Persönlichkeitskern — „Ein starkes Selbst ist ein Kleinod, das von allen begehrt wird und eifersüchtigen Neid erregt. Durch Zerstückelung kann es assimiliert werden."[1]

Nach dem bisher Gesagten wundert es sicher nicht mehr, daß auch im Lexikon für das Wort Kern zwei völlig entgegengesetzte Bedeutungen angeführt werden: Eine ursprüngliche alte Bedeutung, welche die komplette Geistseele charakterisiert und eine offenbar später hinzugekommene, welche die unkomplette Körperseele der Halbwesen bezeichnet. Die dem Wort Kern/Korn zugrundeliegende Wurzel „gêr" hat zwei Bedeutungen: 1. „reif, alt; eigentlich ‚wachsen, wachsen machen, aufziehen, ernähren' " und 2. „reiben, aufgerieben werden". Demnach gibt es einen Kern/Korn-Begriff, der den intakten Kern bezeichnet — dieser wächst, macht wachsen, dieser

[1] assimilieren = „anpassen" (an wen oder was wohl . . .?)

ernährt sich und nährt. Der zweite Begriff bezeichnet aufgeriebene, (zermalmte, zermahlene) Kerne.
Zu 1.: Ein Mensch ist kern-gesund, dessen Kern heil und ganz ist. Zu 2.: „Staub bist du und zu Staub wirst du wieder werden."
Folgende Überlegungen gehen über den bisherigen Rahmen hinaus. Sie mögen für einige über die Maßen spekulativ und im höchsten Maße irrational erscheinen. Trotzdem bitte ich, meine Hypothesen gedanklich und mit der vielleicht nötigen Distanz mitzuvollziehen:
Unser Sonnensystem ist relativ jung, es gibt weitaus ältere. Nehmen wir an, in einem dieser hochentwickelten, benachbarten Sonnensysteme gibt es Wesenheiten mit hoher Intelligenz, und die bösartigen Machthaber dieses Sonnensystems richten ihren entschiedenen Machtwillen auf Tod und Zerstörung. Um ihren Zerstörungsplan zu verwirklichen bzw. um ihre Existenz zu sichern, brauchen sie Energie. Energiegewinnung um jeden Preis ist ihr vordringliches Anliegen. Für die Intelligenzbestien dieses benachbarten Sonnensystems sind wir Menschen dieser Erde nichts anderes als Atome. Nehmen wir weiter hypothetisch an, daß diese Intelligenzbestien die Kernspaltung bzw. die Kernzertrümmerung zwecks Energiegewinnung entdeckt haben. Wie gehen sie dabei vor? Antwort: Genauso wie die irdischen Intelligenzbestien in der Kernphysik; genauso wie die Teile-und-Herrsche-Machthaber dieser unserer Erde, genauso wie Viren und bösartige Bakterien. „Freie", ungebundene, anarchistisch egoistische Spaltwesen, die „Haustierchen" der Machthaber, werden angeheizt, durch Beschleunigung in Erregung versetzt und gezielt auf energiereiche, fruchtbar-schwere Persönlichkeiten der Erdbewohner angesetzt. Angriffsfläche ist die jeweils schwächste Stelle des Angriffsobjekts. Theoretisch genügt es, einen einzigen graviden Kern anzustecken, zu spalten und falsch zu programmieren, um eine Kettenreaktion auszulösen, wonach sich die Seuche der Kernspaltung epidemieartig über den gesamten Erdkreis auszu-

breiten beginnt. Das Ergebnis: Anstelle ganzheitlicher irdischer Wesenheiten gibt es so nach und nach nur noch Spaltprodukte, Teilpersonen, Spaltwesen, vergängliche Körperseelen und als Folgeerscheinung Viren und gefährliche Radioaktivität. Solange die Immunsysteme der irdischen ganzen Wesenheiten noch funktionieren und soweit der Schutzgürtel der Erde noch intakt ist, kann die Kettenreaktion des sukzessiven Zerstörungsprozesses noch aufgehalten werden. Aus diesem Grund gilt der letzte und entscheidende Schlag der Abwehr. Bricht diese auch noch zusammen, dann ist auch die Abwehr der Erde, mit der wir im Verbundsystem leben, in Gefahr. Dann ist das Immunsystem der Erde und somit der Erdkern in Gefahr zu zerbrechen.

CHEMISCHE VERBINDUNGEN

„Seelische Prozesse sind chemischen Prozessen vergleichbar."

Kürzlich hörte ich im Vorbeigehen eine Stimme aus dem Radio sagen, die bedeutsamste und wichtigste Erfindung der Neuzeit sei der Kunststoff (wie Synthetik, Plastik, Nylon usw.). Der Erfinder — ich habe vergessen, wie er heißt — habe dafür den Nobelpreis erhalten. In Gedanken mit dem Unterschied zwischen ganzen lebenden und zersplitterten toten Seelen befaßt, horchte ich auf. Klar! Für die Erfindung von totem Material wird ein hoher Preis bezahlt: 1. ein enorm hoher Energieeinsatz für die Herstellung; 2. der Erfinder bekommt einen Preis in Form von Geld und Auszeichnung; 3. der eigentliche „Preis" ist letztendlich ein enormer Beitrag zur Zerstörung ökologischer Zusammenhänge.
Von jeher konnte ich Kunststoffe aller Art nicht ausstehen. Abgesehen davon, daß — wie mittlerweile jeder weiß — Kunststoffe jeder Art von der Herstellung über den Gebrauch bis hin zur sogenannten Entsorgung immens viel an Energie verbrauchen und vom ökologischen Standpunkt aus letztendlich mehr Schaden als Nutzen bringen, wurde ich durch diese Radiomeldung auf ein weiteres Beispiel für den Unterschied zwischen Lebendigem und Totem aufmerksam gemacht.
Wie in der Physik, so in der Chemie. Auf allen Ebenen passiert dasselbe. Wie den menschlichen Seelen, so den Atomen, Zellen und auch den Molekülen. Jetzt wollte ich es genauer wissen, und so fragte ich Toni, Chemielaborant: „Bitte, sage mir mit einfachen Worten, was geschieht bei der Herstellung von Kunststoffen?" Die Antwort: Natürliche Bindungen werden aufgebrochen und die Bestandteile des ursprünglichen, natürlichen Ganzen werden mit artfremden Bestandteilen zusammengefügt, so daß am

Ende ein Ding herauskommt, das völlig andere Eigenschaften hat, nämlich: Synthetik. Synthetisches ist totes Material. Es ist das Produkt von chemischen Verbindungen, die sich in der Natur SO „freiwillig" niemals verbinden würden und erst durch künstliche Manipulationen dazu gezwungen werden.
Da Chemie, von griech. chemeia, „die Lehre vom Feuchten" ist und See(len) die tiefen Urwasser sind, ist der Satz, wonach Seelenprozesse chemischen Prozessen vergleichbar sind, bestätigt.
Der Läuterungs- und Veredelungsprozeß der menschlichen Seele wurde in ältester Zeit Alchemie[1] genannt. Die Verbindung, Einigung und Verschmelzung zweier polarer Ganzheiten wurde „Heilige Hochzeit" genannt, ebenso die sexuelle Vereinigung zweier ganzheitlicher Wesen. Erst im Patriarchat wurde die Alchemie zu profaner Goldgewinnung umfunktioniert, und statt der auf allen Ebenen stattfindenden Heiligen Hochzeiten wurden so nach und nach nur noch (unheilige) Hochzeiten vollzogen: in der Chemie erst chymische, dann chemische Hochzeit genannt. Das ist die bis heute praktizierte Chemie.
Bei Heiligen Hochzeiten finden sich natürliche Gegensätze von selbst zusammen und vereinigen sich zu einem höheren, besseren Neuen. Unheilige Hochzeiten werden durch Manipulation und Gewalteinwirkung von außen in Gang gesetzt. Die „Frucht", die aus gewaltsam initiierten falschen Verbindungen entsteht, ist minderwertig. Synthese[2] ist das Fremdwort, das wertneutral jeden Vereinigungs- und Verschmelzungsprozeß bezeichnet.

---

1 Alchemie von AL „göttlich" ist die „Lehre vom göttlichen Fruchten", also Seelenlehre

2 Synthese: von griech. syn-tithénai „zusammenstellen, -setzen, -fügen": „1. Zusammenfügung, Verknüpfung einzelner Teile zu einem höheren Ganzen (‚philosophisch und allgemein'); 2. Aufbau einer komplizierten, chemischen Verbindung aus einfachen Stoffen. Ableitung: synthetisch ‚künstlich hergestellt'"

Genaugenommen wird Synthese heute für 1. die Vereinigung zweier natürlicher Polaritäten verwendet, 2. für die Vereinigung von Teilen, die eigentlich nicht zusammengehören und sich auf natürliche Weise niemals verbinden würden, 3. für das Produkt einer unnatürlichen Verbindung.
Entsteht aus der Synthese Heiliger Hochzeiten ein höheres, ganzes Neues, so entsteht bei der unheiligen chemischen Hochzeit Synthetik – künstlich hergestelltes, totes Material.
Wie in der Chemie, so auf der Seelenebene. Wie die sichtbaren Produkte aus den Chemielaboratorien – seelenloses, totes Material, Kunststoff, Plastik –, so die Produkte falscher Verbindungen auf der Menschenebene. Das Gesellschaftssystem pervertiert über erzwungene unheilige Hochzeiten am laufenden Band – seelenlos „tote" Halbwesen, synthetisches „Menschenmaterial", Plastikwesen mit Plastikgefühlen, Körper und Verstand – doch bar einer Geistseele.
Synthetisches in allen Richtungen und auf allen Ebenen verdrängt lebendiges Sein, verhindert den Läuterungs- und Veredelungsprozeß der Seelen. Somit wird letztlich eine Höherentwicklung der Spezies Mensch vereitelt.

DIE VERHÄNGNISKETTE ZWISCHEN OPFER UND TÄTER

„DE TE FABULA NARRATUR" — Die Geschichte handelt von dir (auch wenn du nicht genannt bist). (Horaz)

Da ich mich nun, nebst meinen eigenen Erfahrungen, mit meinen Freundinnen ausgetauscht habe und darüber hinaus auch noch diverse Wissenschaftszweige zu Rate gezogen und festgestellt habe, daß auf allen Ebenen dasselbe passiert, hier eine Zusammenfassung der Wirksamkeiten und Tätigkeiten dessen, was ich Angriff auf das spirituelle Immunsystem nenne.

Zuerst die Wirkung der Angriffe auf die Opfer. Dazu rufe ich noch einmal in Erinnerung, daß (Un-)Täter und Opfer in unheilvoller Beziehung zueinander stehen, daß somit beide Teile ihren Schuldbeitrag leisten, nur daß halt Untäter den aktiven, sichtbaren und Opfer den passiven, unsichtbaren Pol ein und derselben Ebene repräsentieren. Gegensätze ziehen sich an. Untäter und Opfer sind ein Gegensatzpaar. Passive Schuld zieht aktive Schuld an sich und umgekehrt.

Auch wenn es wie ein Frevel an der heiligen Kuh der herrschenden Glaubenslehren klingt: Wir Opfer sind selber schuld, wenn wir angegriffen werden. Wir sind schuld, so wie es die wahre Bedeutung des Wortes Schuld ausdrückt: „Schuld ist eine altgerm. Substantivbildung zu dem unter ‚sollen' behandelten Verb." Opfer bleiben sich selbst die aktive Pflicht zum Lebenliebenlernen, zum seelisch-geistigen Wachstum, zur Entwicklung — eine naturgesetzliche Forderung der Evolution — schuldig. Opfer machen sich durch ihre Versäumnisse angreifbar. Trägheit und Faulheit sind Hauptgründe für die Unentschiedenheit der Opfer und koppeln sich an die Überaktivität und die bösartige Mutwilligkeit der entschieden handelnden (Un-)Täter. So, und nur so, ist der vielzitierte Satz zu verstehen: „Wer sich nicht selbst entscheidet, über den wird entschieden."

Fehler sind Angriffspunkte oder -flächen. Ich unterscheide zwei Arten von Fehlern.

Erstens: Passive Fehler: Diese sind Lücken oder Löcher im Bewußtsein. Sie sind das, was man „blinde Flecken" nennt. Da fehlt etwas, das wir unbedingt wissen müssen. Da fehlt eine Glaubens-Information, die wir brauchen. Da fehlen Selbst-Ur-Kenntnisse, Einsichten in unser ureigenes Gut und Böse. Da fehlt generell die Erkenntnis von Gut und Böse. Diese Fehler/Löcher werden bei erkenntnisunfähigen, aber gutmütigen Menschen — z. B. kleinen Kindern — von den Großen Müttern abgeschirmt. Erkenntnisfähige Menschen, die jedoch nicht erkennen wollen, verlieren Schirm und Schutz. Sie müßten lernen, sich durch Reflexion selbst zu schützen. Sie müßten lernen, was die Vernunftbegabung vorsieht: Vernunft!

Zweitens: Aktive Fehler: diese basieren auf schon verinnerlichten, falschen Glaubensinhalten (z. B: Nächstenliebe- bzw. Feindesliebegebot, romantische Liebe, blinde Autoritätsgläubigkeit usw.), die sich über die Kette von falschem Glauben, Denken, Fühlen und Handeln zur zerstörerischen Macht der Gewohnheit auswachsen.

Sowohl passive Fehler im Sinne von „da fehlt etwas im Bewußtsein" als auch aktive Fehler im Sinne von latenten (noch verborgenen, versteckten) oder schon manifesten falschen Glaubenskeimen sind Fehlerquellen; sie lassen uns schwerwiegende Fehler machen. Sie wiegen schwer in der Waage des inneren Gleichgewichtes und machen labil. Diese Schwere bedrückt das Gewissen, sie macht depressiv. Diese ungute Schwere macht, was das griech. Wort baros „schwer" ausdrückt: „unbedeckt, bloß, nackt". Mit den Fehlern, die sich als unfruchtbare Schwere auswirken, geben wir uns eine Blöße, in die hineingehauen wird. An den blinden Flecken (den passiven Fehlern) und an den wunden Punkten (den aktiven Fehlern) sind wir anfällig. Aktive Fehler sind Fehlerquellen für Fehlhandlungen. Haben wir „Dreck am Stecken", so ziehen wir dreckige Stecken an und kommen auf „keinen grünen Zweig".[1]

Weil der Auftakt des Angriffs auf allen Ebenen, und zwar auf der atomaren, der zellularen *und* personalen Ebene, immer als elektromagnetischer Reiz in Form eines Impulses erfolgt, zahlt es sich aus, die Worte, die sich um das Verb „reizen" gruppieren, näher zu untersuchen. Der Begriff „Reiz" an sich ist wertneutral. Aus den lexikalisch angeführten, völlig unterschiedlichen Definitionen geht jedoch hervor, daß es von wesentlicher Bedeutung ist, von WEM der Reiz ausgeht bzw. welches Motiv ihm zugrunde liegt, denn davon hängt die Wirkung ab. Umgekehrt: Von der Art des Reizes und von dessen Folgewirkung ist auf den Urheber des Reizes zu schließen.

Reizen heißt „antreiben" oder „anstacheln"; „locken" oder „verlocken"; „erwecken, anregen" oder „erregen, ärgern, reißen". An der Qualität des Reizes ist zu erkennen, ob er von einem guten Geist oder einem bösen Geist ausgeht. Ob er hart und rauh oder weich und heilsam ist, ob er alle Lebensvorgänge sanft anregt oder lähmt.

Ich für meinen Teil bin dankbar fürs Antreiben. Für mich gilt: Ohne den Lieb-Reiz meiner himmlischen Mutter, die mich zum Wachsen anregt, würde ich in Trägheit verkommen. „Angestachelt" will ich jedoch nicht werden. Ihr sanftes, weiches Locken hilft mir auf die Sprünge; für Verlockungen habe ich nichts übrig. Erwecken und anregen lasse ich mich gerne, doch aufs Erregen, Ärgern oder gar Reißen kann ich liebend gern verzichten.

Die ursprüngliche Bedeutung von reißen ist „einritzen machen". Bis zum heutigen Tag sagt man „Hast du es

---

[1] Stecken ist das umgangssprachliche Wort für Stab. Ein begrünter, lebendiger Stab oder Zweig ist das Symbol für das Urelement Feuer/Licht. Es steht für Wachstumsenergie, Leben, Kreativität, Licht der Erkenntnis von Gut und Böse.

geritzt?“, wenn man sich vergewissern will, ob etwas begriffen worden ist, ob die Sache, die es zu begreifen gilt, auch wirklich „sitzt“. Aufreißen und einen Riß (einen Einschnitt) machen weisen auf ein gewaltsames Dreinfunken hin. Ich persönlich ziehe den „Göttlichen Funken“ der Urkenntnis dem Köder Illusion[1] vor. „Noch im heutigen Sprachgebrauch wird reißen gewöhnlich in der Bedeutung ‚gewaltsam trennen; gewaltsam entfernen, entzweigehen‘ verwendet.“ Subjektiv wird ein Dämonenangriff je nach persönlicher Integrität und der Stärke des Angriffs als Verunsicherung, als Verwirrung, Verstörtheit oder Gespaltenheit erlebt. Die häufig vorkommenden Redewendungen „in dieser Angelegenheit fühle ich mich gespalten“ oder „da bin ich geteilter Meinung“, bestätigen dies. Man fühlt sich zwischen dem Einerseits und dem Andererseits hin- und hergerissen, befindet sich im Wickel-Wackel, kennt sich hinten und vorne nicht mehr aus, weiß nicht mehr, was oben und was unten ist und spricht, frei nach Goethe, von den „zwei Seelen — ach! — in meiner Brust“. Es ist diabolisch! Diabolos, einer der vielen Namen des Bösen, heißt nichts anderes als „der Verwirrung Stiftende“.

Opfer sind besonders anfällig für starke und stärkste Reize. Da reizt uns was. Da wird uns ein Anreiz, ein Geschenk, ein sogenanntes An-ge-binde (!) angeboten. Jemand, der sich einen Vorteil verspricht, „bandelt“ an. Er bietet uns, die wir in der Trägheit der Passivität lustlos dahintreiben, einen verheißungsvollen Reiz. Dankbar nehmen wir ihn an, weil er Erleichterung, einen Ausweg aus der quälenden Eintönigkeit und Befriedigung ungestillter Bedürfnisse verspricht.

Dieser Reiz, der da angeboten wird, ist jedoch nur ein Surrogat[2]. Erst später stellt sich heraus, daß die unbewußte Suchung einer Ver-Suchung zum Opfer fiel und daß das Eigentliche und Wesentliche nur durch billige

---

1 Illusionen von lat. illusio = „Verspottung, Täuschung; eitle Vorstellung“

2 Surrogat von lat. surrogare = „Ersatz wählen“

„Ersatzwaren", die zwar kurzfristigen Genuß, aber keine tiefere, innere Befriedigung erzeugen können, ersetzt wurde.
Tiefe Befriedigung wäre zu finden, wenn jene fruchtbare Schwere, die im lateinischen gravis heißt, Früchte treiben würde und wenn wir und unsere Nächsten in den Genuß dieser Seelen-Früchte kämen.
Ist der starke (An-)Reiz angekommen und haben wir den flüchtigen Genuß des Surrogats angenommen, dann stellt sich heraus, daß das Geschenk Gift ist, das bald seine Wirkung tun wird. Mit der Annahme des Reizes ist der Kontakt mit dem Machtbereich des Pandämoniums hergestellt. Danach hängen wir am Stromnetz, dann kleben wir fest an einem heißen Draht, der wie ein Elektrokabel zweibahnig und zweipolig ist. Über die eine Bahn wird Energie abgesogen, über die andere wird der spirituelle Giftsaft in Form falscher Glaubensinformationen in die Bewußtseinslöcher eingeschenkt bzw. werden die schon vorhandenen falschen Glaubensinhalte positiv verstärkt (Be-ein-fluss-ung nennt man das). Per Stimulans bejahend verstärkt werden falsche Glaubens-, Gedanken- und Verhaltensmuster, schlechte Neigungen und all das, für das wir eine Schwäche haben und was den Mitgliedern des Pandämonium nützlich ist.
„Subliminar-Methode"[1] heißt die kommerziell ausgewertete, technische Nachahmung dieser unterschwelligen Reizübermittlung. Mir ist zu Ohren gekommen, daß sich Wirtschaft und Politik dieser Methode als Werbemittel bedienen. Stell' dir vor: Du gibst dich unbefangen einer Musik oder einem Spielfilm hin und kriegst nicht mit, wie die Botschaften der versteckten Bilder und Texte dich in deinem Inneren manipulieren. Bei dieser Methode wird die kritisch prüfende Ich-Instanz umgangen; die Suggestionen erreichen unter der Schwelle der bewußten Wahrnehmung auf direktem Weg das Selbst.

---

1 Subliminals sind unterschwellige Botschaften, die nicht gehört und doch vom Unterbewußtsein wahrgenommen werden.

Lediglich die Energie für den ersten Impuls bringt der feindliche Strahl quasi als Investition mit, die gesamte Wachstumsenergie für die im Selbst abgelegten falschen Triebe und Keime stammt aus der eigenen Energiequelle des Opfers.
Angezapft wird die fruchtbare gravide Schwere des Seele-Geistkerns. Angezapft wird nicht nur die Energie, die eigentlich zum Wachstum der eigenen seelisch-geistigen Möglichkeitskeime grundgelegt ist und geschöpft werden kann, sondern auch die eigene Erbinformation. Das eigene Ge-Wissen wird geschwächt, punktuell sogar gelöscht.
Der plötzliche Kraftabfall ist das Hauptkennzeichen eines Angriffs. Müdigkeits- und Erschöpfungszustände sind Symptome, die darauf hinweisen, daß in den Ritz, den der Reiz verursacht hat, ein Keil[1] und damit ein falscher Glaubenssame[2] eingetrieben wurde.
Ist der Keil mit den falschen Glaubensinhalten vollends eingedrungen und per Reizleiter (Nerven) an alle Zellen weitergegeben, dann wird das Gift im gesamten Organismus wirksam, wächst sich aus und wird, vom Opfer unerkannt, zur „zweiten Natur".
Diese Keile, die scheibchenweise in Organismen eingetrieben werden, sind Todes-Keime. Sie haben die Funktion einer Antenne, die sendet, „ausstrahlt" und empfängt. Sie ver-strahlt die Erbinformation und empfängt

---

[1] Keil und Keim sind etymologisch identisch und gehören zur Wortgruppe der Wurzel gei = „(sich) aufspalten, aufbrechen". Die ursprüngliche Bedeutung von spätmhd. kilen = „Keile eintreiben, um zu spalten oder zu befestigen" ist noch bewahrt in „festkeilen, einkeilen, und verkeilen"

[2] Säen gehört wie Saat und Same zu der idg. Wurzel sé(i) und bedeutet „schleudern, werfen, (aus)streuen". Um welche Art von Samen und Saat es sich im Fall eines spirituellen Angriffs handelt, zeigt das entsprechende altind. Wort sáyaka-h = „Wurfgeschoß, Pfeil". „Die Worte Samen und säen erlebten eine Bedeutungswendung." Ursprünglich hieß säen z. B. noch got. saingan „säumen"; isl. seim „langsam"; mhd. seine „langsam"; lat. sinere „lassen". Das ist ein Hinweis auf den Unterschied zwischen der weichen Strahlung der guten Geister, in deren Genuß man kommt, wenn man sich an sie anschließt — „säumt", und der harten Strahlung aus dem Feld der Finsternis.

die Anweisungen des Pandämoniums. Steckt der Informations-Keil, keimt der böse Keim im gespaltenen Selbstbewußtsein, klebt man am Stromnetz des Pandämoniums, dann kann man von Besessenheit sprechen. Nicht nur, daß die eigene Energie in den Besitz des Pandämoniums übergeht — der durch den Keil gespaltene Persönlichkeitskern nährt eine fremde böse Saat, die langsam aber sicher vollends von der Gesamtpersönlichkeit Besitz ergreift.

Die Tätigkeiten der Untäter fügen sich nahtlos in die unbewußte Bereitschaft der Opfer, mit sich geschehen zu lassen und mitzumachen. Ob die Untäter nun Neutrino (ein Atomteilchen), „weißer Mann", Werwolf, Virus, „Täter" oder Dämon heißt — ihnen allen ist gemeinsam, daß sie Spaltwesen bösen Willens sind und ihre mangelnde Lebens- und Liebesfähigkeit durch Macht kompensieren. Sie sind Mutanten, Nieten, Neidnägel, Nein-Sager, Hasser, Gekrümmte, Ehrlose, Lügner und Heuchler. Sie sind trickreiche Verwandlungskünstler, Verwirrungsstifter und Mephistos (= „der das Licht nicht liebt") und — was das schlimmste ist: Sie sind die „Fürsten der Welt". Sie verdienen allesamt den Titel Lebewesen nicht, weil sie keine ganze, lebendige Seele haben. Zur Einheit/Ganzheit fehlt ihnen der eigene ganzheitliche Stoffwechsel. Da sie keine komplette Seele haben, können sie selbsttätig keine Energie, keine Urkenntnis und Urinnerung schöpfen und auch davon nichts abgeben. Weil sie unfruchtbar sind, sind sie von selbst fortpflanzungsunfähig. Zur Fortpflanzung ihrer Art benutzen sie fortpflanzungsfähige, ganze „Wirts"-Wesen. Sie besitzen zwar Intelligenz, diese benutzen sie jedoch, um MIT ALLEN MITTELN an die Substanz ganzheitlicher Lebewesen heranzukommen und so Lebensenergie zu „gewinnen".

Frei nach Goethe: „An Energie hängt, nach Energie drängt doch alles in der Welt." Ständige Energiezufuhr garantiert ihre Existenz. Ohne Energie würden sie verlöschen (siehe die Geschichte von „Momo").

Als Vollblutweib wiederhole ich das, was der Apostel

Johannes seinerzeit ebenfalls von einem Vollblutweib übernommen hat: „Sie sind von uns ausgegangen, aber sie sind nicht von unserer Art gewesen, denn wenn sie von unserer Art gewesen wären, so wären sie bei uns geblieben." Statt sich an ein liebendes und machtvolles Ganzes anzuschließen, um selbst ein liebendes machtvolles Ganzes zu werden, ist es ihr Bestreben, Macht ÜBER ein Ganzes zu erlangen. Destruktive Macht gibt ihnen das Gefühl, wer und was zu sein. Indem sie ihre falsche Brut in die Kerne ablegen und von diesen nähren und austragen lassen, wird ihre Art vermehrt. Auf diese Weise leben sie in ihren Kindern und Kindeskindern fort. Das ist der Ersatz für das ewige Leben, das ihnen verwehrt ist, weil sie ihren kompletten Kern aufgegeben und verloren haben.

„Wie im Himmel also auch auf Erden." Wie beim Atom, so bei der Zelle (besonders bei der weiblichen Keimzelle); wie bei Atom und Zelle, so auch beim spirituellen Immunsystem. Wie in der Mikrowelt der Atome und Zellen, so in den matriarchalen Stammeskulturen. Wie in der Institution Ehe/Familie, so in den übrigen Institutionen . . .

Aggressive anarchistische Halb- oder Splitterwesen bösen Willens haben jederzeit, allerorts und auf allen Ebenen des Lebens die gleiche Taktik, um Macht über Wirtszellen, Wirtsvölker oder Wirtspersonen zu bekommen und in den Besitz von Lebensenergie zu kommen. Am anschaulichsten haben Biologen den Angriffsplan der Viren und deren Vorgehensweise bei der Besetzung einer Zelle beschrieben. Diese Taktik ist umlegbar auf alle Bereiche und Ebenen des Lebens.

NUR GEMEINSAM SIND SIE STARK

> „Die Ehrfurcht vor dem Leben gibt uns das Grundprinzip des Sittlichen ein, daß das Gute im Erhalten, Fördern und Steigern von Leben besteht, und das Vernichten, Schädigen und Hemmen von Leben böse ist."
>
> (Albert Schweitzer)

In meiner Jugend hatte ich eine sogenannte Lungenschwäche. Aus diesem Grund wurde ich regelmäßig durchleuchtet. Auf den Röntgenbildern waren die Infiltrate meiner Lunge deutlich als Schatten zu erkennen. Die Worte des Lungenfacharztes „Infiltrat[1] am rechten Oberlappen" klingen mir noch heute in den Ohren. An diesen Schwachstellen des Lungengewebes waren „fremdartige Zellen, Gewebe oder Flüssigkeiten (Blut, Lymphe)" eingespeichert. „Schatten" heißen also die Schwachstellen des Organs. (Kavernen[2] sind regelrechte Löcher in der Lunge.) Schatten wird bezeichnenderweise auch jener Teil der Seele genannt, der im Dunkeln liegt, und Schatten ist auch die beschönigende Umschreibung für „das Böse, das der Seele anhaftet".
Was das physische Auge nicht durchschauen kann, die Röntgenstrahlen machen es sichtbar. Die Durchleuchtung per Röntgenstrahlen ist jedoch nur die technische Nachahmung jener menschlichen Fähigkeit, mit der Seele zu schauen – Hellsehen genannt. Eine Fähigkeit, die auch heute noch Menschen mit Hilfe ihres Lichtsinnorgans haben. Was hellsichtige Menschen mit „Durchblick" ohne Apparat wahrnehmen können, ist für unkörperliche Geistwesen, die ja keine physischen Augen haben, erst recht offensichtlich. Spirituelle Fehler – Fehlglaube, Erkenntnisfehler – sind an der Aura, dem Ätherleib, als wunde Punkte, Schwachstellen oder

---

1 Infiltrat von lat. infiltrare = „einfiltern"
2 Kaverne von lat. caverna = „Höhle"

Löcher erkennbar. Irgendwo las ich einmal „Einfallstor der Hölle" – ein Satz, mit dem ich erst jetzt etwas anzufangen weiß. Auf diese Schatten und Löcher, genau auf die Schwachpunkte des Bewußtseins, richtet sich nämlich der gezielte Angriff.
Was wir als wirbelndes, saugendes, wolkenartiges Störfeld wahrnahmen, das sich uns blitzedurchzuckt und schmutziggrau wie eine saugende Käseglocke näherte, uns einengte und bedrückte und sich in einigen Fällen über die Betroffenen stülpte, ist kein Atomteilchen-Quantenfeld. Die in der Folge auftretenden Irritationen, Zweifelsstimmen, Verwirrungen (Empfindungen totaler Gespaltenheit) und „Geistesstörungen" wurden nicht durch Viren hervorgerufen. Das, was ich Finsterwolke nenne, ist der Zusammenschluß dämonischer personaler Geistwesen, an dessen Stromnetz wir angesteckt, in dessen Regelkreis wir hineingezogen wurden, an dem wir hängen und kleben bleiben sollten, wie man an einer Starkstromleitung kleben oder hängen bleibt, wenn man sich daran anschließt.

Was auf der atomaren Ebene Teilchen, auf der molekularen Ebene Viren (Teilzellen) genannt wird, sind auf der personalen Seele-Geistebene Dämonen (= Teiler, Zerteiler). Teile eines ehemaligen Ganzen sind sie alle. Auch die Angriffstaktiken, die Eigenschaften, die Absichten und die Wirkungsweisen dieser Teilchen, Teilzellen und geisterhaften Teilpersönlichkeiten gleichen sich aufs Haar. Folgende Merkmale sind Atomteilchen, Viren und Dämonen gemeinsam:
1. Sie sind keine Ganzheiten, es fehlt ihnen ein intakter KERN. Als unvollständige Lebewesen haben sie keinen eigenen Stoffwechsel und sind deshalb nicht vermehrungsfähig. Vermehrt werden sie erst nach der Ansteckung an eine Ganzheit, die sie nährt. Das heißt, sie sind nicht in der Lage, von selbst Energie zu schöpfen und wie z. B. Pflanzen, die reine „Lichtkinder" sind, in der Photosynthese Licht in reine Energie umzuwandeln.

2. Sie sind Parasiten[1] und Schmarotzer, denn sie existieren auf Kosten lichtvoller und ganzheitlicher Geschöpfe, deren Energie sie anzapfen und absaugen. Nur gemeinsam sind sie stark genug, um lebendige Einheiten zu zerstören und das Beziehungsnetz der irdischen Biophilie ernstlich zu bedrohen.
3. Sie binden sich nicht an das große Gefüge — Ökologie genannt —, sondern sind Anarchisten des Lebensgesetzes, die sich zur Außenseitermacht gegen das Lebensgesetz verbinden. Als Außenseiter des Lebensgefüges benutzen sie ihre Intelligenz, um an die fremde Energie heranzukommen.
4. Sie setzen an den schwächsten Punkten eines ökologisch funktionierenden Systems oder Organismus an, dringen in den Kern ein, der die geballte Energie und Lebensinformation in sich birgt, ändern dessen Kodex in Richtung Selbstzerstörung, und funktionieren den Selbsterhaltungstrieb um zur Erhaltung der eigenen feindlichen Art. Ist das spirituelle Immunsystem gestört, der Geist verwirrt, kann auch das körperliche Immunsystem den Angriffen nicht mehr standhalten.
5. Allen Teil-Wesen geht es um Energie, die sie zur Erhaltung und Verbreitung ihrer Art benötigen. Es geht ihnen um die Lebensenergie, die sie aus eigener Kraft nicht zu schöpfen willens sind und die sie für ihre Machtziele einsetzen.
6. Um die Opfer geneigt zu machen, bzw. um überhaupt landen zu können, bieten sie „Geschenke“ als Köder (Lockspeise) an, welche sich erst, wenn sie an- und aufgenommen bzw. verinnerlicht sind, als Gift herausstellen. Nicht nur im Märchen, auch auf der Alltagsebene nähert sich der Böse immer mit Geschenken, um seine Opfer geneigt zu machen, mit Blut zu unterschreiben. Der Einsatz lohnt sich fast immer. Über Jahr und Tag holt sich der Böse die Seele.

---

[1] Parasit von griech. parasitos = „Mitesser“

7. Das angesteckte Opfer, das im Sinne des Angreifers spurt und funktioniert, wird ebenfalls zur Gefahr. So werden auch die von Dracula gebissenen Opfer selbst zu Vampiren; so werden z. B. von Krebs befallene Zellen von der Abwehr des Immunsystems ebenso ausgeschaltet wie die Viren.
8. Sie sind trickreiche Verwandlungskünstler, Meister der Verstellung und operieren — da ihnen die vollständige Geist-Seele fehlt, vorwiegend mit Feuer und Schwert. Denaturiertes (böses) Feuer wird zum Zündeln, Anheizen, Verheizen, Hetzen, Verbrennen, Erregen, Aufregen, Anreißen, Aufreißen mißbraucht. Schwert — als schneidend-stechendes Symbol für Gedanken- und Wortkraft — wird zum An- und Aufstacheln, zum Zerteilen, Zerstückeln, Trennen, Spalten und Entzweien mißbräuchlich eingesetzt.

Zusammengefaßt: Anstecken, Energie absaugen, eigenes Erbprogramm löschen, bzw. außer Kraft setzen, durch falsche, lebensfeindliche Impulse und Informationen Disharmonie, Zwiespalt und Verwirrung erzeugen, nicht locker lassen, dran hängen und kleben bleiben, so lange, bis alle Energie verbraucht ist und das Opfer samt seinem System zusammenbricht. Die Eigenschaften und Verhaltensweisen der Halbwesen bezüglich des Feuer- und Luftmißbrauchs sind in der griech. Wurzel „daie", die dem Wort „Dämon" zugrunde liegt, enthalten: daie = „anzünden, (ent)brennen"; daio = „(ver-, zer-)teilen; zerreißen; Passiv: geteilt werden, zerissen werden; reizen, ritzen". Weil die dem Wort Dämon zugrundeliegenden griech. Wörter „daizo" und „daimonae" deren Eigenschaft und Tätigkeit sowie deren Auswirkungen auf ihre Opfer noch genauer kennzeichnen, will ich auch diese der Gründlichkeit wegen noch anführen: Daizo heißt „zerteilen, zerreißen, zerraufen; töten, morden, erschlagen, zerfleischen" und daimonae heißt „geistesgestört, verrückt, besessen sein" (nachzulesen im Wörterbuch für Altgriechisch).

PANDÄMONIUM

„Alles ist erfüllt mit Göttern und Dämonen."
(Epiktet)

„Dämonen sind Bewohner eines Zwischenreiches inmitten der Regionen der Götter und der Menschen."
(Plutarch)

„Es gibt Unzählige, die zur Befriedigung irgendeiner Gier Gott samt der ganzen Welt zugrunde richten möchten."
(Leonardo da Vinci)

Lange Zeit dachte und glaubte auch ich, „wir haben überhaupt keinen Begriff", wie allumfassend, wie allgegenwärtig, wie gigantisch groß und destruktiv mächtig die Gefahr sei, in der wir schweben. Seit langem ahne ich, daß wir gefährdeter sind als wir glauben und daß wir mehr zu schützen und zu bewahren haben als wir denken. Einiges von den Mechanismen, den Einwirkungen, Auswirkungen und Zusammenhängen dessen, was ich vorerst nur allgemein das Böse nennen konnte, verstand ich zwar, war aber dennoch außerstande, es zu begreifen. Ich konnte ES nicht fassen. Mein Fassungsvermögen reichte nicht aus, um das zu begreifen, was da an allen Ecken und Enden zerstörerisch wirkt, was auf allen Ebenen kaputtgeht. Ich konnte es im Bewußtsein nicht fassen, war sprachlos vor Entsetzen und konnte es daher auch nicht in Worte fassen. „Du machst dir keinen Begriff!" Wir haben keinen Begriff? Wir können also nicht begreifen, es nicht fassen? Von diesem Gedankenkomplex innerlich beschäftigt, schlug ich unlängst mein Fremdwörterlexikon auf. Da fiel mein Blick auf ein Wort, von dessen Existenz ich bislang nichts wußte. PANDÄMONIUM stand da und in Klammern daneben die Erklärung „Vereinigung aller bösen Geister; Hölle". Genauer und wortwörtlich übersetzt heißt pan „all, alle, alles" und dämonium „Dämonen", also „alle Dämonen zusammen". So gibt es also, so haben wir doch einen Begriff! So brauche ich mir

keinen extra zu machen. Ich brauche ja nur auf den schon bestehenden zurückzugreifen, um zu begreifen, worin die bislang unbegreiflich scheinende böse Macht besteht, die unser aller Existenz bedroht. Ich weiß, verstehen und begreifen sind zweierlei. Mein inneres Erfahrungswissen bzw. das Wissen meines (nicht Ver-, sondern) Entwicklungs-Standes bleibt so lange unfruchtbar, bis es einem tiefen Begreifen gewichen ist. Endlich habe ich verstanden UND begriffen; und da ich es begriffen habe, habe ich es in der HAND und bin fähig, entsprechend zu HANDeln. Die Alten wußten offensichtlich noch Bescheid über die vereinigte Macht der bösen Geister. Hätten sie nicht Bescheid gewußt, dann hätten sie keinen Begriff dafür gehabt und auch nicht Bescheid geben können.
Für folgende Überlegungen bitte ich, sich zuvor allgemein gültige Tatsachen in Erinnerung zu rufen:
* Gleich und Gleich gesellt sich gern: Interessengemeinschaften, Zusammenschlüsse, Vereine, Verbände (Dachverbände), Parteien, Lobbys, Cliquen, Gruppen, Grüppchen — allüberall schließen sich Wesen von derselben Beschaffenheit und demselben Ziel zu Interessengemeinschaften zusammen. Ihre Interessengebiete und -spähren befinden sich — auch geographisch! — sowohl auf Erden (Der Planet ist besetzt!) als auch im Himmelsraum (Sie bilden Störfelder).
* In jeder Gemeinschaft besteht, unabhängig vom offiziellen Amtshierarchiebegriff, eine Rangordnung, die vom persönlichen Entwicklungsstand, der Intelligenz, Kraft und Macht, den Fähigkeiten und Fertigkeiten der Mitglieder bestimmt ist. Das heißt, jedes Mitglied hat den Platz im Gesamtgefüge der Vereinigung, den es am besten ausfüllt.
* Bündnisse jeglicher Art schließen sowohl verkörperte als auch unverkörperte Geister in sich ein. Alle Bündnisse sind letztlich interuniversell, auch wenn unser begrenzter Horizont dies nicht wahrhaben will. Die Spitzen der Bündnisse ragen weit in die Universen hinein. Mit anderen Worten: Der Dachverband, von dem die Ordern aus-

gehen, befindet sich im außerirdischen Bereich. Bei der Vielfalt der Gruppierungen und angesichts der verlogenen Ideologien und heuchlerischen Zielformulierungen könnte man nicht nur den Überblick verlieren, sondern auch übersehen, daß es im Grunde bzw. am „Dach" nur zwei große Machtbereiche gibt:

1. Das interuniverselle Bündnis der seelisch-geistig Lebendigen. Ich habe sie an anderer Stelle Lebenlieberinnen, Biophile, heile Geister, Große Mütter, Kinder des Lichts genannt. Dieses Bündnis entspringt dem einigenden Zusammenwirken der Urelemente und reicht von den höchstentwickelten Planetengeistern bis zum einfachsten Wasserstoffatom und folgt dem erklärten Ziel: einigen, entfalten, entwickeln, heil und ganz machen, vervollkommnen und vollenden — dies im steten Wechsel von weiß, rot und schwarz. Die Tätigkeiten dieses Bündnisses bestehen einerseits im Zusammenfügen dessen, was getrennt ist, jedoch zusammengehört, und in der Mehrung von Kraft und Energie; andererseits im friedlichen Seinlassen und Loslassen dessen, was nicht leben und was sich in das große Gefüge des Lebenliebens nicht einfügen will. Kurz: Die Fügung und Führung zum Heil ist in einem Heilsplan grundgelegt. Alle Kräfte, Mächte und Individuen, alle Mitglieder dieses interuniversellen Liebesbündnisses dienen, jedes an seinem Platz, dem Kosmos.
2. Das interuniverselle Bündnis der seelisch-geistig Toten. Ich habe sie an anderer Stelle Lebensverweigerer, Todessüchtler, Licht-, Wasser-, Luft- und Erde-Zerstörer, Nekrophile, Halbwesen, Spaltwesen, Teilpersönlichkeiten, Dämonen, unheile böse Geister, Kinder der Finsternis genannt. Mit einem Wort: Pandämonium! Das pandämonische Bündnis entspringt dem entschiedenen Machtwillen außerirdischer, höchst potenter Intelligenzen und reicht von den Bewohnern höchst entwickelter Planeten bis zum kleinsten, aggressiven Atomteilchen. Es folgt dem erklärten Ziel: Teile und herrsche. Die Tätigkei-

ten der Mitglieder dieses Bündnisses bestehen einerseits im Spalten, Trennen, Zerstückeln und Zermalmen dessen, was ganz ist und zusammengehört; andererseits im Zusammenfügen dessen, was sich von Natur aus nie zusammenfügen würde, weil es sich nicht einig ist und sich daher auch nicht einigen kann. Kurz: Die Ver-Fügung und Ver-Führung zum Unheil ist in einem Unheilsplan grundgelegt, der dem Heilsplan total entgegengesetzt ist. Alle Mitglieder dieses interuniversellen Bündnisses dienen, jedes an seinem Platz, dem vom Dachverband verfügten und verordneten Unheilsplan.

Diese zwei interuniversellen Machtbereiche existieren neben-, über- und untereinander und umfassen das Diesseits und das Jenseits.
Naturgemäß sind die Bereiche dieser beiden Mächte scharf voneinander getrennt. Sie sind von der Wurzel, von ihrem Glauben, ihren Gedanken, Worten und Werken und ihrem Ziel her unvereinbar und unversöhnbar. Es gäbe eine Brücke und die hieße: absolute Ehrlichkeit, Aufrichtigkeit, guter Wille, tiefes Wünschen. Wo diese Brücke fehlt, klafft ein unüberbrückbarer Graben, ein unendlicher Abgrund.
Mit unreinen bösen Geistern haben vollendete gute Geister nichts zu tun. Der Schwerpunkt *ihrer* Lehren ist, daß auch wir mit dem Pandämonium nichts zu tun haben dürfen, wenn wir uns und unseren Seele-Geistkern bewahren, entfalten, entwickeln und ihm somit ewige Gültigkeit geben wollen.

GUT ODER BÖSE

„Wer immer strebend sich bemüht, den können wir erlösen."
(Goethe)

Wer sich verliert, ist verloren.

Ehe der Eindruck entsteht (und das könnte bei meiner grob vereinfachten Schilderung passieren), die gegenwärtige Menschheit teile sich exakt in hier die Lebendigen, dort die Toten; in der einen Partei die Gerechten, in der anderen die Ungerechten; auf dem einen Kontinent nur die Guten, auf dem anderen nur die Bösen . . ., muß ich mich beeilen, nüchtern festzustellen:
Alle gegenwärtig auf Erden lebenden Menschen sind unvollständig – aller Menschen Seelen sind unentfaltet; in allen Menschen haben sich falsche Glaubenskeime eingenistet. Gutes und Böses (Nützliches und Schädliches) existieren in ein und demselben Körper. Wer auf der Suche nach der Insel der Seligen ist, um sich den Lebenden anzuschließen, wird feststellen müssen, daß es hier und dort und gestern und heute keine reine Rasse oder Nation, daß es kein durch und durch lebendiges Geschlecht mehr gibt, und daß selbst die Geistseelen einzelner Personen nicht mehr heil sind.
So einfach wie im Kasperltheater ist Gut und Böse nicht auseinanderzuhalten. Und doch, mein einfach-kindliches Gemüt verlangt nach einer klaren Orientierung. Woran kann ich mich halten? Wie kann ich das unheilvolle Gewirks entflechten?
Anknüpfend an die Grobeinteilung der Menschen, wie ich sie in „Leben lieben – Liebe leben" schon angedeutet habe, möchte ich jetzt noch einmal – und diesmal gründlicher und umfassender – die vier Grundtypen, wie ich sie im Laufe meines Lebens kennengelernt habe, charakterisieren. (Schattierungen und fließende Übergänge kann ich bei meiner Grobcharakterisierung nicht berücksichtigen.)

1. Diejenigen, die nicht wissen, was sie tun.
2. Diejenigen, die nicht wissen wollen.
3. Diejenigen, die zwar wissen, aber dennoch und trotzdem entgegen ihrem Wissen handeln.
4. Diejenigen, die wissen und ihrem Wissen entsprechend handeln.

Diejenigen, die nicht wissen, was sie tun

Zu dieser Kategorie gehören einmal alle, die durch ihre Inkarnationen hindurch vorwiegend guten Willens waren und auch gegenwärtig guten Willens, jedoch ihrer selbst noch nicht bewußt sind. Sie sind noch nicht ganz wach. Willensfreiheit ist das Hauptmerkmal der Spezies Mensch. Willensfreiheit heißt Wahlfreiheit. „Des Menschen Wille ist sein Himmelreich." Ein Mensch guten Willens hat alle Chancen, die richtigen Mittel und Wege zu finden, die richtige Wahl zu treffen (Irrtümer und Fehler inbegriffen — Fehler gehören offenbar zu den unvermeidlichen Not-Wendigkeiten. Leiderfahrung ist oftmals das wirksamste Mittel für Verhaltensänderungen. Leidensdruck — Gewissensdruck — verleiht den Wachstumsimpulsen den oft so bitter benötigten Nachdruck. Davon weiß ich ein Lied zu singen!)

Ein weiteres Merkmal der Spezies Mensch ist sein Aufrechtgang. Aufrichtigkeit ist Grundvoraussetzung, um dem freien Willen die richtige Stoßrichtung zu geben. Absolute Ehrlichkeit — wenigstens sich selbst gegenüber — ist die einzige Möglichkeit, die eigene Geistseele vor den von allen Seiten und auf allen Ebenen anstürmenden Angriffen zu schützen, sie zu bewahren und sich im Wirrwarr der Lügen und im Gestrüpp der Heilsversprechungen und falschen Prophetien nicht zu verlieren. Irgendwo habe ich einmal gelesen, das Böse resultiere aus Unwissenheit. Damit kann nur gemeint sein: Schläfrigkeit, Dumpfheit und Trägheit verhindern Erkenntnis und verursachen jene „Löcher", welche als „Einfallstore der Hölle" bezeichnet werden.

Dem legendären Herrn Jesus wurde der Satz in den Mund

gelegt: „Herr, vergib ihnen, denn sie wissen nicht, was sie tun." Dieser Satz ist meines Erachtens verstümmelt: Diese Herren haben nichts wirklich Substantielles zu geben; sie haben dadurch auch nicht und nichts zu vergeben. Die ursprüngliche Bitte richtete sich an die Urgöttinnen, Göttinnen und Heroen. Sie lautete: „Ihr heilen Geister aller Sphären, gebt den Unwissenden. Gebt ihnen alle Zeichen und Wunder, alle Einfälle und Zufälle, Inspirationen, Intuitionen, die ihnen helfen, ihre Wahl richtig zu treffen. Gebt ihnen Kraft, Mut und sanfte Anstöße, die ihnen helfen, entsprechend zu handeln. Gebt ihnen Träume, die ihnen Einblick in ihre Seelenlandschaft geben. Gebt ihnen Ermunterung und Trost, wenn sie kleinmütig werden und verzagen. Mutet ihnen ein kleines Mißgeschick zu und, wenn es nicht anders geht, wenn sie nicht anders gehen, dann halt auch ein Leid."

Es gibt generell keine angeborene Erkenntnisunfähigkeit. Die Erkenntnis von Gut und Böse ist Hauptbestandteil dieser unserer Wurzelrasse, Homo sapiens genannt. Und dennoch: Die sprichwörtliche Unschuld der Kinder ist dem Umstand zuzuschreiben, daß sie ihr inneres Wissen, welches sie mitbringen, vorerst nicht auszudrücken vermögen. Da sie als Nesthocker den erwachsenen Betreuungspersonen auf Gedeih und Verderb ausgeliefert sind, ist ihre oftmals instinkthaft richtige Wahl gefährdet, und ihr Wille ist in Gefahr, gebrochen zu werden. Es heißt, Kinder haben einen Schutzengel. An anderer Stelle habe ich deutlich gemacht, daß der sogenannte Schutz-Engel in Wahrheit die Große Seelenmutter ist, die mit ihrem eigenen Energieschutzmantel ein magnetisches Feld um das Kind aufbaut. Mit zunehmender Erkenntnisfähigkeit wächst die „Schuldfähigkeit". „Die Reife" besteht in nichts anderem als in der Fähigkeit, eigene Fehler, Schwächen und selbstschädigende Verhaltensweisen zu entdecken, Verantwortung dafür zu übernehmen und sie notwendigerweise zu korrigieren. Mit dieser zunehmend reifenden inneren Fähigkeit, sich selbst mit allen guten und schlech-

ten Anlagen zu erkennen, weicht auch der Schutz der Großen Mutter.
Aufgrund der entwicklungsbedingten Erkenntnis- und Handlungsfähigkeit bzw. durch die Macht der Wahl, die das Erwachsenwerden charakterisiert, muß jeder selbst lernen, sich zu schützen. (Unsere Seelenmütter wären keine Großen, wenn sie uns Erdenkinder überfürsorglich bis in alle Ewigkeit unter ihre Fittiche nehmen und dadurch unsere Entwicklung zur Selbständigkeit und Eigenverantwortung verhindern würden.)
Zusammengefaßt: Diejenigen, die nicht wissen, was sie tun (vorausgesetzt, sie sind noch unfähig dazu, und vorausgesetzt, sie sind ehrlich und guten Willens), werden nicht ver-kommen; sie werden dem Zugriff feindlicher Mächte ent-kommen, davon-kommen und voran-kommen.

Diejenigen, die nicht wissen wollen

Diejenigen, die nicht wissen wollen, erkennt man daran, daß sie sich fürchten, ihrem eigenen Selbst mit allen guten und unguten Eigenschaften ehrlich zu begegnen.
Kennzeichen dieses Charaktertyps: Abwehr der Erkenntnis von Gut und Böse, Furcht vor der Freiheit, Zurückweisung der Begabung zur Macht der freien Wahl. Wesen dieses Typs benutzen ihre Intelligenz nicht, sie scheuen die Anstrengung zum Wachsen und Reifen. Sie ziehen es vor, kindlich naiv zu bleiben, weisen die Verantwortung für ihr Tun und Handeln und ihr Vorankommen weit von sich bzw. überlassen und übertragen die Verantwortung anderen Personen, Institutionen, Ideologien und/oder verlassen sich auf ihren „Himmelvater" samt Kind und Kegel. Projektionen nennt man das. Entscheidungsunwilligkeit im Großen und Ganzen, Entscheidungsschwierigkeiten in den Bereichen des täglichen Lebens sind weitere Merkmale. Ihr Symbol: die drei Affen; ihr Status: Opferrolle; ihr innerer Zustand: hin- und hergerissen, geteilter Meinung sein. Der Zustand der Nicht-Entschiedenheit und der Dauernaivität macht sie zu einem gefun-

denen Fressen für den Typus Nummer 3, denn wer sich nicht vor dem Hintergrund der Tatsache von Gut und Böse entscheidet, über den wird entschieden.

Diejenigen, die zwar wissen, aber dennoch und trotzdem entgegen ihrem Wissen handeln

Wissen ist Macht. Sei es das Erfahrungswissen, sei es das auswendig gelernte Wissen . . ., die wirklich gefährdeten und gefährlichen Übeltäter sind jene, die trotz besseren Wissens und Gewissens aus unlauteren Motiven dem zuwiderhandeln. Diese Typen wählen meist voll bewußt statt Liebes-Macht Ver-mögen, statt Eigen-Macht politisch-soziale Über-Macht. Ihr Sinnen und Trachten gilt der beherrschenden Macht: Macht über die eigenen Lebenstriebe, über Seelen(ur)innerungen und -äußerungen, Macht über die Nächsten, Übernächsten . . . Indem sie die Dummheit, Entscheidungs- und Handlungsunfähigkeit der Opfertypen ausnützen, gelingt es ihnen, auf schnelle, bequeme und billige Weise zu noch mehr Vermögen, Über-Macht, Einfluß, Status, Prestige, Rang und Namen und ein Mehr und Noch-Mehr an Energie zu kommen. Ihre Intelligenz wählt falsch. Im Zweifel wählen sie das, was ihrem falschen Selbstbild und ihren falschen Zielen zum Vorteil gereicht. Ziel ist nicht Wachstum, nicht Reife, nicht voran- und ankommen, sondern Errichtung sowie Aufrechterhaltung von falscher Macht und Herrschaft. Um dieses Ziel zu erreichen, ist ihnen jedes Mittel recht. (Rechtfertigung: „Der Zweck heiligt die Mittel.")
Sie sind entschieden, das schon, aber für obengenannte Ziele. Alle Energie, alles Wissen, alle Kraft, alle Begabungen sind darauf gerichtet. Wissentlich und willentlich wird die Seele geopfert, wird das Gefühl unterdrückt, die innere Stimme zum Schweigen gebracht, Liebe auf Sex pur reduziert und jedes Gefühl, vor allem jedes Mitgefühl, abgetötet. Des Menschen Wille ist nicht nur sein Himmelreich, sondern auch seine Hölle. Manchen ist vielleicht auch bewußt, daß mit dieser Wahl ihre Seele verraten, verkauft und verloren ist — doch das ist ihnen

egal. Sie haben ohnehin nie auf Lebenliebenlernen gesetzt. Dieser Typus ist identisch mit jenen, die ich mich das ganze Buch hindurch mit ihren vielen Namen zu nennen bemüht habe: Teilwesen, Werwolf (Mannwolf), Virus, Dämon, Teilchen . . . Es ist völlig unmöglich und ausgeschlossen, diesen Typus zu bekehren, ihn zu einer Umkehr zu bewegen. Kein Mensch auf Erden, keine göttliche Macht kommt über den freien Willen eines Menschen hinweg. Keine Liebe – und sei sie noch so mächtig – kann einen anderen zur Umkehr bewegen, wenn dieser es nicht will.

Diejenigen, die wissen und ihrem Wissen entsprechend handeln

Dieser Menschentyp ist das Ergebnis einer konsequenten Weiterentwicklung des Typus 1. Ihn auf seinem Weg des Wieder-gut-Machens zu bestätigen, ist mein Ziel, meine Absicht und Grundtenor aller meiner Mitteilungen.

„WAS ICH NICHT WEISS, MACHT MICH NICHT HEISS!?“

„Unwissenheit schützt vor Strafe nicht“

Heute, gerade als ich in der Arbeit am Buch steckte, kam eine Freundin zu Besuch. Da ich A.'s inneren Reichtum kenne und ihre urige Gescheitheit schätze und in der Hoffnung auf profunde Rückmeldung las ich ihr einige Kapitel vor. Zu meiner Überraschung reagierte A. überhaupt nicht. Enttäuscht von ihrer Ungerührtheit legte ich ein „Schäuflein“ nach und sagte in eindringlichem Tonfall: „Ja, verstehst du denn nicht? Hier findet eine Art spiritueller Vampirismus statt, durch den wir sowohl an Kraft als auch an Seele-Geist-Inhalten einbüßen. Offenbar wollen uns die Vampir-Spirits aus dem Rennen schlagen. Das geht doch auch dich was an! Oder?“
Ich hätte sie schütteln und beuteln können. Diese ihre stumpfe Ergebenheit erschreckte mich. Ich mag A. Sie hätte das Zeug zu einem gesunden Lebenskampf. „Was ist nur los mit dir?“ Darauf sie: „Ich will meine Ruhe haben! Diese deine Erlebnisse sind mir nicht fremd. Ich kenne sie aus eigener Erfahrung. Und genau diese Erfahrungen sind der Grund, warum ich mich entschlossen habe, lieber unauffällig zu bleiben. Ich ziehe es vor, möglichst harmlos zu sein und meinetwegen naiv, einfältig und schwach zu wirken — so vermittle ich allen, daß bei mir nichts zu holen ist und ich hab' meine Ruh'. Was du mir da erzählst, das will ich gar nicht wissen; mit dem will ich nichts zu tun haben: ‚Was ich nicht weiß, macht mich nicht heiß!'“
— „Bitte! Das kann doch nicht dein Ernst sein! Das ist doch keine Lösung! Selbstbeschränkung ist idiotisch. DU bist doch kein nützlicher Idiot, der freiwillig in die Knie geht und sich dieser bösen Macht unterwirft. Sich kampflos zu ergeben heißt, sich freiwillig in deren Machtbereich einzufügen . . . — das ist doch genau das, was sie wollen! Das darf doch nicht wahr sein!“

Und doch — wenn ich ehrlich bin, dann muß ich zugeben, daß ich ganz genau weiß, wie es sich anfühlt, wenn ich in die Rolle eines kleinen dummen Mädchens schlüpfe und die falsche Hoffnung nähre, daß ich, die ich doch so hilflos bin, dadurch von bösen Widersachern aller Sphären verschont bzw. von meiner Seelenmutter beschützt werde. Ich kenne diese Neigung, Erkenntnisse abzuwehren, weil sie „nur Scherereien bringen". Es dauerte lange, bis ich jene Sprüche wie z. B. „Wer lange fragt, geht lange irr" und „Was ich nicht weiß, macht mich nicht heiß" als das entlarvt hatte, was sie sind: Wachstumsverhindernde Stolpersteine!
In Situationen der Angst und Verzweiflung konnte es vorkommen, daß mein Gebet jede Würde verlor und zur Bettelei ausartete. Die Rückmeldung, die ich von meiner Großen Mutter auf solch kindische Klagen bekam, hieß (sinngemäß, versteht sich): „Steh auf! Stell' dich auf deine Hinterfüß'! Du bist doch ein Mensch, begabt mit Vernunft. Erkenntnis von Gut und Böse ist das Gebot der Stunde. Du bist kein Kind mehr. Du bist erkenntnisfähig und daher auch schuldfähig. Suche die Tiefe. Trau' deinem Gespür. Wozu hast du Intelligenz? Achte genau auf die Zeichen. Unterscheide und wähle. Erkenne dich, und du wirst alles erkennen und dich selbst zu schützen wissen. Du weißt ja, ich kann nichts an deiner Stelle tun. Ich kann dir helfend beistehen, dein Leben mußt du jedoch selbst leben." Auf meinen kleinlauten Einwand, daß ich ohnehin mein Menschenmögliches täte und daß ich trotzdem (oder vielleicht gerade deshalb?) unter schwerem Beschuß stünde, reagierte sie mit beredtem Schweigen. Ja, ja, ich weiß, daß ich mich manchmal vor der Verantwortung für mich drücken möchte, um es scheinbar bequemer zu haben. Manchmal bin ich träge, möchte getragen werden, doch — SIE trägt mich nicht mehr!
Ehrliche Selbsterkenntnis wird belohnt. Tiefere Einsichten in meine Schwächen bringen mir eine Fülle von Zeichen, die mich tagsüber anspringen und auf sanfte Weise elektrisieren. Ich bekomme verschlüsselte Botschaften

beim Sinnieren und Wegdenken. Sprechende Träume geben mir Bescheid, woran es bei mir hapert.
Stehe ich wieder für mich gerade, ist mein Gebet wieder das, was es sein soll, ein würdiges Geben und Nehmen in wechselseitigem Austausch — dann kommt mir auch wieder Tröstliches zu: „Keine großen Ängste! Keine Starre und keine Schwere. Trau dir, trau dich, trau der Fügung und Führung. Fürchte dich nicht: Solange du dich selbst wirklich nicht schützen kannst, weil du noch nicht wach und reif genug bist, werde ich deinen Schutz übernehmen. Wozu du aber selbst in der Lage bist, das mußt du selbst tun. In Situationen, wo du wirklich überfordert bist, weil deine Fähigkeiten nicht ausreichend entwickelt sind, bin ich dir nahe. Die kleinen Wehwechen darf ich dir nicht abnehmen. Die brauchst du als Anstoß. Auch das gegenwärtige Leiden, über das du dich beklagst, hat einen Sinn. Es ist eine Lehre, der eine Prüfung folgt. Das kann und muß ich dir zutrauen. Es ist die einzige Möglichkeit, dir auf die Sprünge zu helfen."
Auf mein Herwidergemurre, daß ich mich so bedroht fühle, sogar Angst habe, vermittelt sie mir, daß die Gefahr nicht so groß sei. Ich dürfe diese Angst nicht nähren. Stattdessen solle ich meine Aufmerksamkeit auf das Gute und Schöne richten, dabei das Böse und Häßliche nicht ganz aus den Augen verlieren und lernen, davon nicht berührt und betroffen zu werden.
Auf mein weiterhin hartnäckig vorgebrachtes Wenn und Aber wurde mir zuteil, daß sie mir die Leiderfahrung nicht ersparen könnte. Sie würde mir tragen helfen, abnehmen könnte sie mir aber nichts, weil ich sonst — träge, wie ich bin — es nie lernen würde, mich aus eigener Kraft und durch eigenes Wissen schützend zu bewahren.
Eines Morgens, nachdem ich die ganze Nacht im Krieg mit mir gewesen war, wachte ich mit dem Satz auf: „Mutter! Du verlangst Übermenschliches von mir." Und im Aufdämmern hörte ich mich flüstern: „Übermenschlich ist niemand auf Erden. Übermenschlich — eine wahrhaft

Große — bist du, doch nicht ich . . ." Schmunzelnd schlug ich die Augen auf. Klar, wie sollte es anders gehen? Wie sollte ich jemals meine menschliche Begrenztheit überschreiten, wie jemals in den Zustand der Über-Menschlichkeit gelangen, wie jemals ebenfalls zu einer Großen Mutter heranwachsen, wenn ich mein Seelenwachstum verweigere und statt dessen lebenslänglich an der geistigen Kittelfalte meiner Großen Seelen-Mutter hänge?

Fazit: „Unkenntnis schützt vor Strafe nicht" — eine Weisheit, die sich weder auf die Kenntnisse des herrschenden Wissens noch auf den Strafvollzug der Justiz bezieht.

Die Natur begabt mit Erkenntnisfähigkeit, und die Natur fordert uns heraus, diese Fähigkeit zum eigenen Nutzen zu gebrauchen. Tun wir es nicht, tragen wir den Schaden davon: Das ist Naturgesetz!

PLACEBO

> Die todsicherste Art, dem Teufel zu verfallen, ist, an seine Übermacht zu glauben.

Sagte mir einst ein guter Freund vom Typ abendländisch-positivistisch gebildeter, aufgeklärter Rationalist: „Aber Gerlinde, du wirst doch nicht an böse Geister glauben. Wir leben im zwanzigsten Jahrhundert . . ."
Antwort: Nein, ich GLAUBE nicht an sie, ich WEISS um ihre Existenz. Ich habe ihr Treiben und Wirken erfahren, erlebt, durchschaut und schließlich überlebt. Man muß mit Worten sorgsam umgehen, denn Worte haben Kraft. An böse Geister zu GLAUBEN[1] hieße, deren Treiben und Wirken für lieb zu halten. Ich halte es mit jener Definition, die da lautet: „Eine innere Gewißheit, die keines Beweises bedarf". Das heißt, ich WEISS, daß es sie gibt, wußte es mit meinen inneren Ahnungsorganen, bevor mir die Tatsache der Wiedergeburt und die Wirkungswelt des Jenseits bewußt war. Böse Geister bevölkern im leibhaftigen Zustand die Erde. Bösen Geistern entspringen die Segnungen der Zivilisation. Die großen Geister des Abendlandes haben das, was verhüllend „Megamaschine" heißt, was ich unverhüllt Mördermaschine nenne, erfunden. Mittelgroße Geister halten sie in Gang. Kleine, dienstbare Geister sorgen emsig dafür, daß das Räderwerk, ein Rädchen ins andere greifend, wie geschmiert läuft. Diese großen, mittelgroßen und kleinen Geister sind aus meinem Blickwinkel nicht als gute Geister zu bezeichnen. Ihr Wirken ist ungut; es reicht über das Irdisch-Zeitliche hinaus und umgekehrt, ins Irdisch-Zeitliche hinein.
Ihr werdet doch nicht im Ernst annehmen, daß diese Unzahl ruhmreicher Männer der Geschichte ihr bösartiges, schädliches Wirken und Treiben aufgegeben haben,

---

1 Glaube hat dieselbe Wurzel wie lieben, leben, loben und heißt in einer Definition eigentlich „etwas für lieb halten"

nur weil sie zwischenzeitlich ihre leibliche Hülle verlassen haben? Ich habe lange gezögert, diese Erfahrungen mit bösen Geistern mitzuteilen. Zuerst wollte ich selbst mit denen nichts zu tun haben, fürchtete sie und verdrängte mein Wissen nach Kräften. Als ich mich aber dann der Gefahr zu stellen begann, hielt ich es für unverantwortlich, durch meine Mitteilungen, auch wenn ich sie noch so vorsichtig warnend auszudrücken bemüht bin, den neuerdings wild wuchernden, diffusen Geisterglauben zu schüren. Als Rechtfertigung für diese Scheu sagte ich mir vor: Kleine Kinder und harmlose Gemüter darf man nicht beunruhigen. „Angst frißt die Seele auf." Mittlerweile muß ich aber die Realität zur Kenntnis nehmen: Man hat sich scheint's an die Existenz der irdischen bösen Geister gewöhnt. Nicht nur, daß man sich an die grauenvollen Zustände zu gewöhnen scheint — „Da kann man nichts machen" —, das böse Treiben wird von der überwiegenden Mehrheit sogar für lieb und gut gehalten.

Soviel Unterschied zwischen den irdischen und außerirdischen bösen Geistern besteht gar nicht. Erstere kann man sehen, hören, riechen, schmecken — auch wenn diese Sinneswahrnehmungen unangenehm berühren; sie sind real. Letztere sind nur mit den feinen, inneren Sinnen zu erspüren und/oder an dem, was sie berühren, und dem, was sie hervorrufen, zu erkennen. Die Motive, Absichten, Methoden und Strategien sind bei den irdischen und bei den außerirdischen bösen Geistern ein und dieselben. Daß die Außerirdischen sinnlich nicht wahrnehmbar, daß sie namen- und gesichtslos sind, macht es schwierig, sie zu identifizieren. Daß sie unerkannt bleiben, macht sie so gefährlich. Abgesehen davon, daß es für mich persönlich ganz wichtig ist, den Feind beim Namen zu nennen, halte ich es jetzt, angesichts des zunehmenden Spiritismus und der Gefahren, die daraus erwachsen, für verantwortlicher, mein Erfahrungswissen mitzuteilen.

Wie in allem, so gilt es auch bei der Beurteilung der bösen

Geister, das richtige Maß, die gesunde Mitte zu finden. Die Gefahren liegen in den Extremen. Das eine Extrem ist die totale Leugnung ihrer Existenz, das andere Extrem ist der falsche Glaube an ihre Über-Macht. Um die Mitte zu finden, brauchte ich offensichtlich neben der Erfahrung der Nichtzurkenntnisnahme auch die Erfahrung mit dem anderen Extrem. In der Zeit, in der sich meine Ignoranz aufzulösen begann und in der ich meine Augen vor dem unheimlichen Treiben um mich nicht mehr verschloß, passierte es mir, daß ich kurzfristig auf dem extremen Gegenpol landete: War es für mich schon schlimm genug, den Blick auf die Existenz von Dämonen und deren zerstörerisches Wirken zu ertragen, noch schlimmer war, daß sich in jener Zeit die gespenstischen Zeichen und angsterregenden Phänomene häuften und sich in ihrer Intensität steigerten. All diesen unheimlichen Ereignissen, die ich hier nicht detailliert anführen möchte, war gemeinsam, daß sie meine Aufmerksamkeit und damit meine Kraft auf sich zogen, mein Sinnen und Denken fesselten, daß sie mir immer mehr Angst machten, tiefgreifende Erschütterungen hervorriefen, die mich starr, eng und schwer werden ließen, so daß ich langsam einer gefährlichen Neigung zur Selbstaufgabe zutrieb. („Das halte ich nicht mehr aus. Ich gebe auf!")
Endlich war es dann so weit: Als die satanischen Umtriebe (Satan — „der Verfolger") sich derart zuspitzten und ich das erlebte, was ich später unter dem Begriff circumsessio[1] in einem Lexikon beschrieben fand, bäumte sich mein gesunder Selbsterhaltungstrieb entschlossen auf und meinem Mund entfuhren die Sätze, ich schrie sie eines Nachts in alle vier Himmelsrichtungen: „Arme Teufel! Ihr habt keine Macht über mich. Hättet ihr die Macht, mich in den Wahnsinn oder in den Tod zu trei-

[1] circumsessio = „Umsessenheit" — „Das Umgebensein von dämonischen Wesen, die jedoch nicht im Körper ihres Opfers wohnen"; im Unterschied dazu obsessio = „Besessenheit" — „Das Wohnen dämonischer Wesen im Leibe von Menschen" . . . „Einbruch einer dämonischen Überwelt in die normalen Lebensläufe"

ben, ihr hättet es längst getan. Eure Macht scheint nur so weit zu reichen, mich durch eure Drohgebärden zu verunsichern und mich durch euer Imponier- und Machtgehabe so weit zu bringen, daß ich von selbst aufgebe. Nicht mit mir! Ich steige aus!"

Das erste Mal hatte ich es tief innen begriffen: Diese . . .[1] haben über mich nur so viel Macht, wie ich ihnen zugestehe und durch meinen Glauben gebe. Ich gab ihnen Kraft durch meinen falschen Glauben an eine Macht, über die sie in Wahrheit nicht verfügen, ich nährte sie durch meine Gedanken, durch deren Inhalt ich mich als schutzlos ausgeliefertes Wesen auswies. Dieser falsche Glaube und die daraus folgenden Gedanken und Gefühle waren der unsichtbare Kanal, der sie in ihrer Pseudo-Überlegenheit bekräftigte. Auf diese Weise hatte ich mich mit diesem Bereich unbewußt verbunden. Indem ich mich nahezu pausenlos auf angstvolle Weise mit der bedrohlichen Macht beschäftigte, stellte ich den Anschluß erst her, den ich eigentlich vermeiden wollte.

Bei der weiteren Klärung der Rätsel und der nachfolgenden Aufarbeitung meiner wahrhaft irrationalen Ängste kamen mir etliche Zufälle zu Hilfe. So schenkte mir z. B. eines Tages eine Freundin ein Buch mit dem Titel „Magische Medizin". Ich blätterte es flüchtig durch. Da es von einem Schulmediziner geschrieben ist, der sich in der üblichen Arroganz über die (zugegeben: seltsam anmutenden, da fragmentarisch und verfälscht wiedergegebenen) magischen Praktiken der Naturvölker lustig machte, wollte ich es schon wieder weglegen. Da fesselte eine Stelle meine Aufmerksamkeit. Sie handelte von eingeborenen Zauberpriestern, die (bis zum heutigen Tag soll das so sein) durch „Fernwirkung ihrer Geisteskraft" zu töten imstande sein sollten; dies auch auf Wunsch und Befehl von Klienten. Der durch und durch rationalistisch orientierte Autor schreibt, für die verbürgten Fälle sei es besonders schwierig, eine Erklärung zu finden. Es handle sich

[1] „Man soll den Teufel nicht an die Wand malen"

bei den Getöteten („oder muß man sagen: Ermordeten?") um sensible Menschen, die durch das aus der Ferne gesprochene „Todesurteil" tatsächlich stürben. Die Opfer hätten in blindem Glauben an die „Macht des Zauberers und die Unfehlbarkeit seiner weit reichenden Geisteskräfte einen psychogenen Tod erlitten." Als ich das las, stand mir plötzlich das Wort „Placebo" im Hirn. Placebo (lat. „ich werde gefallen") ist, materiell betrachtet, „eine Scheinarznei, ein Leerpräparat, ein dem Originalarzneimittel nachgebildetes und diesem zum Verwechseln ähnliches Mittel, das jedoch keinen Wirkstoff enthält". Placeboeffekt nennt man den „psychischen, wirkstoffunabhängigen Effekt eines Arzneimittels, der von der Art der Erkrankung, der Persönlichkeit des Patienten und den die Verabreichung begleitenden Suggestionen abhängt".
Aha! Da haben wir es! Wir sind es gewohnt, den Placebo-Effekt nur mit dem durchwegs positiven Heileffekt in der Medizin in Verbindung zu bringen. Der Effekt besteht im eigenen, guten Glauben an die Wirkung des jeweiligen Präparats und die dadurch erst mobilisierten Selbstheilungskräfte. Eine an sich gute Sache, denn bekanntlich versetzt der Glaube nicht nur Berge, er bewirkt alle Wunder dieser Welt. Daß es aber auch einen negativen Placebo-Effekt gibt, wurde mir erst in jenen Tagen bewußt. Ich bin dem falschen, selbstschädigenden Glauben, die Bösen hätten die Macht, mich zu ver- oder sogar zu zerstören, aufgesessen. (Damit kein Irrtum entsteht: Ich vergleiche Dämonen und böse Geister nicht mit dem Placebo, dem Präparat an sich. Nur der Effekt, die Wirkungsweise, ist umlegbar und brauchbar für meine Erkenntnis.)
In dem besagten Buch wird klar, daß obgenannter Zauberer nur Macht über seine Todeskandidaten hatte, weil letztere an seine Übermacht glaubten. Denn es heißt dort, der Tod könne nie eintreten, wenn der „zum Tode Verurteilte" nicht wisse, daß er verurteilt sei, und wenn das Opfer nicht daran glaube. Aus diesem Grund legen es die Zauberer darauf an, mittels bestimmter Zeichen, die an Intensität und grausamer Aussagekraft zunehmen und sich häu-

fen, ihre Opfer zu ängstigen, um den gewünschten Effekt zu erzielen, der da ist: sich mehrende Unsicherheit, sich steigernde Angst, schließlich Resignation und totale Ergebenheit. Als Höhepunkt des Zerstörungsprozesses, der vom Zauberer initiiert und vom Opfer mitgemacht wird, wird ein Symbol (im besagten Fall handelte es sich um ein totes Huhn, das nachts vor die Hütte gelegt wurde) zum auslösenden Moment, wonach der Todeskandidat an seinem eigenen Fehlglauben einen psychogenen Tod stirbt; wohlgemerkt: nicht durch die Geisteskraft des Zauberers.

Somit sind die Ermordungen „der verbürgten Fälle" nichts anderes als Selbstmorde. Der Glaube an die Übermacht eines anderen hat die Herrschaft über den Glauben an sich selbst und seine Eigenmacht übernommen.

Ich will nun aber keinesfalls den Eindruck erwecken, daß es genüge, den Fehlglauben an die vermeintliche Übermacht aufzugeben. Der Vollständigkeit halber noch ein „Wohlgemerkt":

Der hier beschriebene negative Placeboeffekt ist *eine* Variante der Strategien böser Geister. Erkennen, Durchschauen und Zurückweisen sind die Gegenstrategie *dazu*. Damit ist aber das Repertoire der Bösen nicht erschöpft, und es gilt daher, grob zusammengefaßt, das *ganze* Immunsystem intakt zu halten, um auch gegen mögliche andere schädliche Strategien gewappnet zu sein.

GERADE NOCH ABGEBOGEN

„Weiche dem Unheil nicht,
noch mutiger geh' ihm entgegen."
(Aen)

„Gerade noch abgebogen!" – Dieser Gedanke schoß mir eines Abends kurz vor dem Schlafengehen völlig unvermittelt ein. Ich war zufrieden mit mir und meiner Arbeit, und die Müdigkeit, mit der ich spät nachts einschlief, fühlte sich satt und fruchtbar an. Beim Aufwachen war dieser Gedanke wieder da.
Abgebogen? – Was für ein seltsamer Einfall!
Vorerst wußte ich damit nichts anzufangen. Ich wußte aber auch, daß ich gut dran bin, wenn ich bedeutsam anmutenden Gedanken oder einzelnen Worten, die aus dem scheinbaren Nichts auftauchen, gründlich nachgehe. Wenn sich danach eines zum anderen fügt – dann bringe ich meist „etwas zusammen". Auffallend war das erleichternde und gute Gefühl, das diesen Einfall begleitete. Aber was heißt abgebogen? Umgangssprachlich bezeichnet man damit ein Unheil, das in letzter Minute abgewehrt wurde. Was den Einfall für mich so interessant machte, war, daß mir das Wort „abgebogen" im Zusammenhang mit dem Magnetfeld der Erde bei meinen Nachforschungen früher schon einmal begegnet war. Es sprang mich schon damals an, und ich hatte mir diese Passage notiert. Ehe ich mich heute an den Schreibtisch setzte, blätterte ich meine Aufzeichnungen durch. Diese Notiz mußte ich auf der Stelle finden. Da! „Magnetfelder gibt es überall. Sie umgeben und durchdringen jeden von uns, sei es als Erdfeld, als elektromagnetische Welle oder als elektromagnetisches Feld. Die Hauptfunktion des Erdmagnetfeldes besteht darin, daß es als natürlicher Schutzschild gegenüber der energiereichen Teilchenstrahlung aus dem Weltall wirkt. Die elektrisch geladenen Teilchen rasen auf die Erde zu und werden, noch bevor sie

die mittleren Schichten der Atmosphäre erreichen können, von den Feldmagnetlinien abgebogen. Sie erreichen also die Erdoberfläche nicht." (Abgebogen! — Das ist es!) Wie im Makrokosmos so im Mikrokosmos. Wie das die Erde umgebende Magnetfeld (Bestandteil des Van-Allen-Gürtels s. S. 194) ist, ist das den Menschen umgebende schützende Bewußtseinsfeld, bestehend aus Licht und Luft, sprich Licht der Erkenntnis und Logos (das wahre Wort). Auf unbestimmte Weise war mir immer schon klar, daß meine Gabe zu reflektieren mein Schutz ist und daß es zu meinen Aufgaben gehört, meine Reflexionen weiterzugeben. Plötzlich kam es mir: Ist nicht Reflexion das Fremdwort für das deutsche Wort „abbiegen"? Tatsächlich! Lat. reflektere heißt: „zurückbiegen. 1. physikalisch zurückwerfen, zurückstrahlen. 2. den Sinn auf etwas richten, es auf etwas ansehen. 3. überlegen, nachdenken".

Womit war ich in letzter Zeit vorwiegend beschäftigt? Mit Reflexionen über Dämonen. Wie wahr! Ich habe abgebogen, was sonst möglicherweise mich verbogen hätte. Solange ich *mich* abgelenkt hatte, wurde ich zurückgeworfen in die altbekannte Enge, Schwere und Starre. Als ich jedoch mein Sinnen und Trachten gezielt auf die angst machenden Phänomene richtete, ihnen mutig ins Auge und auf die Finger schaute, den Feind beim Namen nannte und durch Überlegungen und Nachdenken mir Klarheit verschaffte, ist das geschehen, was ich Tage zuvor über das Magnetfeld der Erde gelesen hatte: Ich habe gerade noch rechtzeitig einen weiteren schweren Beschuß abgebogen.

Klar: Sich ablenken ist keine Hilfe. Dummheit schützt nicht; Unwissenheit bewirkt Bewußtseinslöcher, während Selbstreflexion — lückenlose Selbsterkenntnis — eine lückenlose Ausstrahlung bewirkt, welche angreifende Splitterwesen zum Abschwenken zwingt. Wenn ich nicht mich ablenke, sondern mich bewußt und mit dem richtigen Maß auf das Geschehen konzentriere, lenke ich die Gefahren ab. Der persönliche Schutz durch eigenes

Reflexionsvermögen kann sich durch die Mitteilung der Reflexionen nur verstärken. Mitteilen heißt Verbindung herstellen mit anderen, reflektierenden Wesen. Dadurch kann sich die hilfreiche Energie, die in Energiefeldern strömt, mehren. Hoffnungsvoller Ausblick: Der Schutzmantel der Erde, jetzt löchrig, die Feldmagnetlinien, jetzt schwach, könnten durch zunehmende Reflexionen Vieler wieder befestigt und gestärkt werden.

WAS IST REAL?

„Es ist eine unsichtbare Welt,
die die sichtbare durchdringt"
(Gustav Meyrinck)

Nach einem Vortrag mit dem Titel: „Mutter Erde braucht keine Vaterländer" sagte mir einer mit verächtlicher Stimme: „Du lebst ja nicht in der Realität!" Da sagte mir endlich jemand ins Gesicht, was bis dorthin nur hinter meinem Rücken gemunkelt wurde, so daß ich nicht reagieren konnte. Ich benutzte die Gelegenheit, vor dem ganzen Saal meine Antwort auf diesen Vorwurf auszuführen und reagierte mit einer Gegenfrage: Welche Realität meinst du, wenn du sagst, ich lebe nicht in der Realität?

Es gibt zwei Realitäten — genaugenommen zwei Realitätenpaare. Erstens das Realitätenpaar der Natur — ich nenne es Matriarchat, die Macht der Mütterlichkeit, könnte jedoch ebenso Ökologie, Biophilie, die Glaubengsgemeinschaft der Kinder des Lichts oder der universelle Energiestrom lebenliebender Wesen dazu sagen. Zweitens das Realitätenpaar der Zivilisation — das Patriarchat, Nekrophilie, das Glaubenssystem der Kinder der Finsternis oder der universelle Energiestrom des Pandämoniums.

Beide Realitäten setzen sich jeweils aus einem unsichtbaren Jenseits und einem sichtbaren Diesseits zusammen. Während das jeweilige Jenseits- und Diesseitspaar eng miteinander verbunden ist — sie bedingen einander — ist die Realität des Matriarchats mit der Realität des Patriarchats unvereinbar.

Der Jenseitsbereich des interuniversellen Matriarchats hat viele Namen. Sag: leerer Raum, fruchtbares Chaos, Ursuppe, Seele-Geistbereich, Ideenreich, Präexistenz, Vorform, Substanz, Substrat, Transzendenz . . . es ist alles eins. Viele Worte meinen ein und dasselbe, welches zwar

benannt, doch einerseits geleugnet oder mißachtet, andererseits ausgebeutet wird. Das Matriarchat ist auf allen Ebenen und in allen Bereichen, sowohl im Jenseits als auch im Diesseits, das Wesentliche. Es ist wirklich und wirksam. Ohne Ökologie der Natur, ohne Mütter und Mütterlichkeit kein Leben. Ohne Chaos kein Kosmos. Ohne Raum keine Zeit. Ohne Idee kein Werk. Die stofflichen Dinge und Sachen, die Formen und Gestalten der Natur gehen aus deren unsichtbarem Wesen hervor.
Leider: Wirklich und äußerst wirksam ist auch die nekrophile Realität der patriarchalen Zivilisation. Sie ist wirklich und auf gewalttätige Weise wirksam — wesentlich für die Evolution ist sie jedoch keinesfalls.
Auch dem weltweit herrschenden Patriarchat geht eine jenseitige Ideenwelt voraus.
Die sichtbaren und greifbaren Ausformungen, die konkreten Gestalten, Dinge und Sachen, die wir besitzen und haben, die wir kriegen wollen und um derentwegen die Menschen kriegen, die uns umgeben und beherrschen, sind lediglich die sichtbare Seite der Glaubens- und Gedankenwelten des dazugehörigen Jenseits. Der Unterschied zwischen den jeweiligen jenseitigen und diesseitigen Wirklichkeiten ist deutlich aus den zwei ebenfalls unterschiedlichen Bedeutungen des Wortes „real" ersichtlich. Real von lat. realis heißt zum einen „wirklich, wesentlich" und zum anderen „dinglich, sachlich".
Die offizielle Ignoranz gegenüber matriarchalem UND patriarchalem Jenseitsbereich, die Leugnung, ja hartnäckige Unterdrückung der Existenz des jenseitigen und diesseitigen Matriarchats führen dazu, daß der Schwerpunkt einseitig auf die Zivilisationsprodukte des Patriarchats gesetzt wird — allseits unter dem Begriff Materialismus bekannt.
Du sagst, daß ich nicht in der Realität lebe — ich gebe dir eine exakte Antwort: Oberflächlich betrachtet, nur äußerlich, existiere ich in jener Realität, die du offensichtlich als einzige anerkennst — der patriarchalen Gesellschaft mit ihren Glaubens-, Werte-, Worte- und Normen-

systemen. Matriarchale Menschen haben kein eigenes Territorium mehr — alles Land ist zu aller Herren Länder geworden, es ist besetzt. Ich wohne im westlich zivilisierten Österreich. Innerlich verbunden bin ich nur mit meinem Land, die Zugehörigkeit zum Staat ist jedoch lediglich formal. Nur der äußeren Form nach und gezwungenerweise bin ich Staatsbürgerin. Mein innerster Wesenskern ist jedoch eindeutig matriarchal. Matriarchal ist mein Glaube. Der mütterlichen Natur gemäß sind meine Gedanken, Werte, Worte und Werke. Ich bin eng verbunden mit Mutter Erde im allgemeinen und meinem Mutterland im besonderen. Ökologisch organisiert und strukturiert sind mein Lebensstil, meine Beziehungen, mein . . .

In den Hochburgen der Zivilisation, in den Institutionen, den Stützpfeilern der patriarchalen Gesellschaft, habe ich nichts mehr verloren und auch nichts mehr zu suchen. Daß ich noch Geld brauche und bisweilen Sachen kaufe, die ich eigentlich nicht brauche, daß ich Steuern zahlen muß, manchmal die Bahn benutze und die Post beanspruche, am Büchermarkt verkehre usw., ist kein Widerspruch zu dieser Aussage. Ich weiß, über kurz oder lang werde ich vollends auf die „Segnungen" der Zivilisation verzichten können.

Ich lebe mein Leben in wachsenden Ringen, welche die diesseitige und die jenseitige Realität der matriarchalen Natur verbinden. Dieses Leben in der doppelten Realität der Natur ist an den Worten, welche dem Begriff „Hexe" zugrunde liegen, abzulesen. Hagedise setzt sich aus „Hag" und „Dise" zusammen. Hag ist der lichtvolle Grenzübergang zwischen Jenseits und Diesseits. Dise („Jungfrau") ist jene, welche sich selbst gehört. Ob eine Hexe gut oder böse ist, hängt von ihrem freien Willen ab. Die Entscheidung, an welche Macht sie sich bindet, ob sie sich matriarchal oder patriarchal identifiziert, ob sie dem matriarchalen oder dem patriarchalen Bündnis angehört, und worauf sie ihre Macht richtet, macht sie zu einer guten oder bösen Hexe. Von dieser zwangsläufigen Ent-

schiedenheit kündet das griechische Hexa „sechs", welches dem Wort Hexe am ähnlichsten ist. Die Zahl Sechs ist und birgt in sich die Kraft der Entscheidung. Wie die Sechserkarte im Tarot es symbolisch ausdrückt, sind alle Menschen, vor allem die sensitiven, medialen, deren Fühlfäden ins Jenseits reichen, herausgefordert, eine grundsätzliche Entscheidung zu treffen. Welcher der beiden Realitäten möchtest du angehören? Entscheidest du dich für die wesentliche Realität der matriarchalen Natur, oder entscheidest du dich für die Realität der patriarchalen Zivilisation? Entscheiden heißt immer scheiden. Wenn du dich an das eine bindest, dann mußt du das andere loslassen. Um diese Entscheidung kommt niemand herum. Dies ist die typische Scheidewegsituation. Ich stehe als Wanderin durch die Zeiten täglich ein dutzendmal vor so einem Scheideweg und bin aufgefordert zu wählen. Wer einen Weg geht, kann nicht gleichzeitig einen anderen gehen. Glücklich, wer die grundsätzliche Entscheidung in sich fest verankert und für alle Zeiten fix gemacht hat. Für uns sind die kleinen Entscheidungen, zu denen wir täglich herausgefordert sind, nicht ein Produkt gedanklicher Überlegungen, sondern viel öfter ein instinkthafter Reflex.[1]
Sind einmal die Weichen gestellt, fährt der Zug im richtigen Gleis.

---

1 Reflex = „die auf einen bestimmten Reiz hin regelmäßig ohne Mitwirkung des intellektuellen Bewußtseins eintretende Aktion"

„MEINER SEEL'!"

„Des Menschen Seele gleicht dem Wasser:
Vom Himmel kommt es, zum Himmel steigt es, und wieder nieder zur Erde muß es, ewig wechselnd."

(Goethe)

Von klein auf beschäftigte mich ein gravierender Unterschied zwischen den Menschen, denen ich begegnete. Als kleines Kind nannte ich die einen warme und die anderen kalte Menschen. Hingezogen fühlte ich mich, auch später, immer zu sensiblen, intuitiv-wissenden, ahnungsvoll (mit)fühlenden, weichen, warmherzigen Personen. Be-Geist-ert war ich stets von jenen Feuerköpfen, die — selbst inspiriert —, göttliche Funken sprühend, die Initialzündung für ein richtungweisendes Vorwärts gaben. Die sprichwörtliche Güte in Person war für mich nie das ja und amen sagende Opferlamm, auch nicht der hitzköpfige, gegen alles Sturm laufende Rebell, sondern jene seltenen Exemplare, die, tiefes Wasser und beharrliches Glühen in sich vereinigend, ungeachtet des modernen Zeitgeistes, still, ohne viel Wind zu machen, ihren Weg gingen, indem sie „ihres Weges" gingen. Eine urige Gescheitheit, das, was man gesunden Hausverstand, Mutterwitz und natürliches Gerechtigkeitsempfinden nennt, war mir immer schon lieber, als die akademisch geschulte Intellektualität, die — völlig richtig — „blendend" genannt wird. Trotz meiner zwischenzeitlich blinden (da geblendeten) Verlorenheit habe ich die herzlose Sachlichkeit nie gutgeheißen, mit der Lebens- und Liebeswerte niederdiskutiert und eklatantes Unrecht brillant gerechtfertigt wurde. Nie habe ich verstanden, wieso es erlaubt ist, in die Natur und ihre Kreisläufe so bösartig einzugreifen. Wieso dürfen gesundheits- ja lebensschädigende Dinge hergestellt und verkauft werden? Die Skala reicht von einfachen Reinigungsmitteln bis zu den gefährlichsten Chemo- und Atomwaffen. Wieso dürfen Bakterien, Pflanzen, Tiere „gezüchtet“ werden, wieso am Erbgut manipuliert, wieso Gift in den Lebenskreislauf transportiert werden, wieso . . . — Das ist nicht erlaubt, das darf doch nicht sein! Seitenlang könnte ich das gezielte Morden im Klein- und Großformat aufzählen. Jetzt erst verstehe ich, aus welch verkümmertem Seelengrund die staatlichen und privaten Machthaber aller Couleur ihr Kriegen[1] kaltblütig planen, initiieren und durchführen. Jetzt verstehe ich auch, warum deren Gefolgs- und Mittelsmänner, warum Erfüllungsgehilfen und warum Wirtspersonen beim allgegenwärtigen Nötigen, Schänden, Vergewaltigen, Foltern, Morden . . . Zerstückeln, Zerschmettern, Zermalmen, Verseuchen . . . ungerührt mitmachen können, auch wenn sie selbst dabei „draufgehen“. „Der ganz normale Wahnsinn“, von den aktiven Stützen der patriarchalen Gesellschaft geplant, verordnet, legitimiert und sakralisiert, ist ansteckend: Die Opfer, infiziert von der Seuche, nehmen geduldig und apathisch[2] (die sind so tolerant[3]) hin und machen mit. Das perverse Lustgefühl an der destruktiven Macht ist der Ersatz für den Ver-Lust an der Lebenslust. Die mangelnde Lebenslust geht auf den Verlust des Lebens-Lichts zurück.

Zwei Arten von Seelen, zwei Arten von Lust. Bezeichnenderweise wird im etymologischen Wörterbuch nur noch die pervertierte, total heruntergekommene Bedeutung des Wortes „Lust“ im Sinne von „Begierde“ angeführt. Lust von germ. lutan „sich niederbeugen, sich neigen, niederfallen“. Damit verwandt lit. liudnas „gebeugt, gedrückt, traurig sein“. Daß die eigentliche und ursprüngliche Lust identisch mit Licht und Leben ist und somit von Göttin Lucia stammt, fand ich erst in einem Lateinschul-

---

1 Kriegen im Doppelsinn des Wortes: 1. der Krieg „als Vater aller Dinge“, 2. kriegen, um mehr und noch mehr an materiellen Gütern zu haben und zu besitzen.

2 Apathie = „Unempfindlichkeit, totale Gefühlslosigkeit“

3 tolerant von lat. toleráre = „erdulden“

buch bestätigt. Lat. lux, lucis „1. Licht, Helle, Helligkeit, 2. a. Tag, b. Leben, c. Augen, 3. Licht, Öffentlichkeit, 4. Rettung, Heil, 5. Erleuchtung, Aufklärung“

„Die Seele ist ein weites Feld“
Ehe ich mich auf einen Streifzug durch das weite Feld der menschlichen Seele begebe, wird es nötig sein, eine genaue Begriffsbestimmung vorzunehmen, damit wir vom selben reden und damit wir uns ja recht verstehen. Es gibt kaum ein Ding, das so viele Bezeichnungen hat wie die menschliche Seele. Es gibt kaum etwas, mit dem so viele Widersprüche, Irrtümer, Halbwahrheiten und eklatante Lügen verknüpft sind wie mit der Seele.
Von der Zelle steht geschrieben, daß der Begriff cella „Vorratskammer“ zu den „okkulten Verben“ gehört. Um wieviel okkulter (verborgener) sind da erst die Verben, welche die Seele, die Vorratskammer der menschlichen Persönlichkeit, bezeichnen! Die historischen Zeiten hindurch hat man versucht, sie zu begreifen und sie mit Begriffen festzunageln. Wie in der Geschichte vom Elefanten, dem sich die Erkenntnissucher, im Dunkeln tappend, näherten, um ihn zu erfassen, und wie jeder, der einen Teil begriff, den Teil für das Ganze hielt, so geschah und geschieht es auch mit der Seele. Als ich diverse Lexika durchstöberte, meine Notizen durchsah und alles zusammenschrieb, was mir zum Thema zugänglich war und einfiel, fielen mir zwei bemerkenswerte Auffälligkeiten ins Auge.
Die erste Auffälligkeit kannte ich schon: Je älter das Volk, desto genauer, umfassender und gleichzeitig differenzierter sind seine Begriffe. So auch die für die Seele. Je älter der Begriff, desto wahrer ist er, desto mehr kann ich damit anfangen. Die zweite bemerkenswerte Auffälligkeit bestätigt eine Ahnung, die ich schon lange in mir trage, mit der ich mich aber noch nicht herausgewagt habe, weil sie mir zu ungeheuerlich erschien. Die Alten begriffen und beschrieben es noch: Es gibt zwei Worte für Seele; sie beschreiben zwei grundverschiedene Arten von Seelen-

beschaffenheit und damit zwei völlig unterschiedliche Arten, Mensch zu sein. Daraus resultieren zwei völlig verschiedene Rassen, Nationen oder Geschlechter, die mit dem üblichen, herrschenden Rasse-, Nationalitäten- und Geschlechterbegriff nichts, aber schon gar nichts gemeinsam haben.
Hier ein konzentrierter Auszug aus dem Angebot der jeweils zwei verschiedenen Seelenbegriffe: Die Kabbala[1], von der ich annehme, daß sie, wie alle mündlichen Überlieferungen aus der Zeit der Matriarchate, beim Auf- und Abschreiben im Sinne der sich etablierenden Herren umgeändert wurde, unterscheidet zwischen Neschama und Nephesch. Neschama bezeichnet die „unsterbliche Geistseele" und Nephesch die „sterbliche Körperseele". Ebenso zerfällt nach Auffassung des alten China die Menschheit in Hun: „die unvergängliche Geistseele" und p'o: „die vergängliche Körperseele". Das alte Kulturvolk der Maya nannte die Seelen aus der mütterlichen Linie „Nagual" und die Seelen aus der väterlichen Linie „Tonal". Die alten Ägypter unterschieden zwischen BA und KA. BA mit IB = „Kern" ist „das mütterliche, unkörperliche Herz". KA wird mit Lebenskraft, Wesen oder Geist bzw. geistiger Doppelgänger übersetzt, der auf den ägyptischen Bildern mit der Körpergestalt identisch ist. „Während BA mit IB in das Leben nach dem Tod eingeht, bleibt der KA bei der Mumie."
In meinem philosophischen Wörterbuch lese ich: „In Polynesien wird vielfach ein Unterschied gemacht zwischen den Seelen des gewöhnlichen Volkes und denen des Adels: Diese sind unsterblich, jene dagegen leben überhaupt nicht fort oder werden doch einige Zeit nach dem Tod vernichtet. Auf Futuna werden die gewöhnlichen Seelen allmählich blind und taub, bis sie verkommen; auf den Neuen Hebriden stirbt die Seele ins Jenseits

---

1 Kabbala = „eine auf prähistorische Zeiten zurückgehende Geheimlehre, die zunächst nur auf mündlicher Überlieferung beruhte"

noch drei bis vier Mal und verflüchtigt sich schließlich ganz."
Bedenkt, daß die Worte „Adel" und „gewöhnlich" früher eine andere Bedeutung hatten. Unsere moderne Klassengesellschaftstheorie hatte bei den alten Völkern keine Geltung. Adel war kein Titel, der von einer Generation auf die andere vererbt wurde, sondern war und ist ein Charaktermerkmal, das zwar erblich, aber nur in dem Sinne vererbbar ist, daß edle Menschen ihren eigenen Edelsinn und ihren eigenen Edelmut sich selbst von Inkarnation zu Inkarnation vererben. Das Wort gewöhnlich kommt von „üblich" und bedeutet eigentlich „gemein, niedrig, übel" (vgl. ahd. uppi = „bösartig"). Wenn man also Adel mit edel übersetzt und das Wort „gewöhnlich" mit „gemein, niedrig, übel, bösartig", dann ist klar, daß mit der Unterscheidung nicht eine soziale Zweiklassengesellschaft, wie wir sie verstehen, gemeint ist, sondern mit Adel die Vollkommenheit des Seelen-Adels und mit gewöhnlich die Verkommenheit der üblen Seelen.
Die Phönizier unterschieden zwischen vegetativer und spiritueller Seele, die Lateiner ebenfalls zwischen weiblicher Seele — genannt Anima „Seele, Lebenskraft; dicht, Blut (purpurner Lebenssaft)" und männlicher Seele — genannt Animus, von griech. animos „Wind". Die Theorie von C. G. Jung, wonach jeder Mensch eine Anima und einen Animus in sich hätte, übersetzt mit weibliches und männliches Prinzip, lehnt sich an diese Unterscheidung der Lateiner an.
Pythagoras wußte noch Bescheid; er bezieht sich auf die unvergängliche Seele, wenn er schreibt: „Die Seele ist eine Welt, die selbstbewußt ist, die Seele enthält in sich und ist die Vierheit." Damit meinte er die Einheit der vier Urelemente. Die ionischen Naturphilosophen fassen sie als etwas „Materielles von feinstofflicher Natur" auf. „Präexistent" ist die Seele nach Plato, der sich auf prähistorische Überlieferungen bezieht, wonach alle Seelen von Anfang an existieren. Auch Aristoteles unterscheidet noch zwischen der Seele „eines lebensfähigen Körpers"

und der „Vernunftseele". Letztere ist „die erste Entelechie".[1] Bis zur Neuzeit galt die Seele als Substanz.[2] Über die zwei verschiedenen Arten der Beschaffenheit wird keinerlei Auskunft mehr gegeben. Die Schriftgelehrten zuerst, danach Hexen- und Ketzerverfolger haben gründliche Arbeit geleistet.
Die hellenistischen Griechen haben schon nur noch ein Wort für Seele: Psyche — „von hebräisch nephesch ‚sterbliche Körperseele'". Wir, die Erben der griechisch-hellenistischen Kultur, haben auch deren Seelenbegriff mit übernommen: Die Übersetzungen von Psyche „Atem, Leben, Schattenbild, Bewußtsein; Trieb, Verlangen, Appetit" und psychō „hauchen, blasen" machen nochmals deutlich, daß es sich hierbei um die von den älteren Völkern erwähnte vergängliche Körper-Verstandes-Seele handelt, der die Tiefe der Wasser fehlt. Auf die Gespaltenheit und Brüchigkeit dieser Seelenart weist die altgriechische Übersetzung von Psyche — „Schmetterling" — hin. Ich frage mich erstens: Wieso heißt Psyche auch Schmetterling? Und zweitens: Haben die eingewanderten, hellenistischen Griechen, deren Götterhimmel bekanntlich aus einem Sammelsurium von Theologien ihrer hochentwickelten Nachbarkulturen bestand, nicht auch über die damals noch bekannte, unvergängliche Geist-Seele bzw. spirituelle Seele Bescheid gewußt? Zwischen Frage eins und Frage zwei gibt es einen Zusammenhang. Eine Antwort genügt: Mit Schmetterling[3] ist Eigenschaft und Zustand der Verstandes-Körper-Seele gemeint, während die Eigenschaften der Geist-Seele mit Falter[4] überliefert wurde. Wenn man nämlich um die wahren Bedeutungen von schmettern und falten weiß und somit den Unter-

---

1 Entelechie = „das, was das Ziel, die Vollendung in sich trägt"

2 Substanz von substantia = „Wesen; das Vorhandensein, Beschaffenheit, Kern einer Sache; Stoff; das hinter der Erscheinungsform bleibende Wirkliche"

3 von schmettern — „krachen, bersten, brechen, stürzen; schmeißen; lügen"

4 von falten; Falte mhd. valt, ahd. falt, aengl. field, schwed. fåll — „Mal, Saum"

schied kennenlernt, treten wieder die zwei grundverschiedenen Seelenqualitäten zutage. Demnach wäre Falter, das Nachttier, mit der unvergänglichen Geist-Seele identisch. Das gemeingermanische Verb „falten" ist in Zusammensetzung mit Zahlwörtern in Gebrauch, die ein Vielfaches bezeichnen. Daher ist Falter der Name für die vielfältige[1] Seele, deren Hauptmerk-*Mal* ihre *Saum*-Seligkeit ist. Auch wenn die Falterseele sich in einem unfertigen Zustand befindet, weil die grundgelegten Möglichkeitskeime sich erst entfalten müssen, so ist sie wenigstens von der Anlage her komplett, während Schmetterling, das Tagtier, die gebrochene, geborstene, gestürzte und verlogene Seele bezeichnet. In unserem Dialekt sagt man statt lügen auch schmettern.
Vielleicht werdet ihr mir vorwerfen, das sei zu weit hergeholt und/oder „das geht zu weit". Stimmt: Um in dem ganzen Gewirks unterdrückter und entstellter Überlieferungen den wahren Kern der Sache ausfindig zu machen, muß ich weit ausholen; um weiterzukommen, muß ich weit gehen.
Die Hellenisten waren patriarchal. Aus verständlichen, aber unakzeptablen Gründen — alle gehen nur von sich aus — haben die Schreiber die Existenz der Falterseele geleugnet, indem sie den Begriff unterschlagen haben. Die Erben der hellenistischen Kultur lassen in Fortführung der Tradition ebenfalls nur noch die Seelenqualität der Psyche gelten. Mit den wahren Werten sind auch die wahren Worte verschwunden und umgekehrt. Diese zeitlich und räumlich weit zurückliegenden Worte und Werte wieder herzuholen, halte ich für einen Akt der Notwendigkeit. Zumindest für mich brauche ich diese Gründlichkeit.
Obgleich die moderne Psychologie „Seelenlehre" heißt, macht dieser Wissenschaftszweig keinerlei Aussagen

---

[1] Das Antiwort zu viel-fältig ist das Wort schlecht. Schlecht bedeutete ursprünglich „glatt, eben; geglättet", wie heute noch gebräuchliche Nebenformen schlicht „einfältig; gering, minderwertig".

über die Existenz, über das Wesen, geschweige denn über die zwei, hinter der Erscheinungsform bleibenden, verschiedenen Wirklichkeiten. „Die Substanztheorie der Seele hat in der neueren Psychologie der Aktualitätstheorie weichen müssen: Die Seele ist nicht ein Wesen, das Empfindungen und Vorstellungen hat, das fühlt und will, sondern sie ist nichts als die Gesamtheit der Empfindungen und Vorstellungen, Gefühle und Strebungen; diese aber sind Vorgänge, die als physiologische Nerven-Prozesse, subjektiv als Bewußtseinsvorgänge bezeichnet werden."

Die See(le) ist die See.

Jetzt greife ich den Faden vom Anfang wieder auf.

Die komplette, ursprüngliche, unvergängliche Geist-See-le kommt aus der See. Die Seele besteht aus dem Urelement Wasser bzw. der vierdimensionalen Kraft der Göttin Tiamat. Ungeachtet aller philosophischen Deutungen galt Wasser immer schon als das dem Seelen-Stoff entsprechende Element. „Die ganze Seele enthält in sich und ist die Vierheit." Auch das Element Wasser ist eine Vierheit. Es enthält in sich Elektrizität, Magnetismus und hat Masse bzw. unterliegt der Gravitation, und seine Atome sind von der starken Kernkraft zusammengehalten.

Das sichtbare, konkrete, physische Wasser bedeckt 71 % des Planeten Erde. Nicht nur Mutter Erde, sondern alle Lebewesen enthalten 60 % bis 90 % Wasser. Das heißt zweierlei: Zum einen sind wir der Erde nachgebaut, wir bestehen wie sie aus den vier Urelementen, und zum anderen bedeutet es, daß wir wie Erde zu zwei Dritteln aus Wasser bestehen. Das Wesen von uns eingeborenen Erdgeborenen besteht vorwiegend aus Tiamat. Weil alle physischen Lebensvorgänge an Wasser als Lösungs- und Transportmittel und an seine Baustoffe gebunden sind, wird vielerorts Blut — der rote Saft — als Träger des seelischen Lebensprinzipes bezeichnet (siehe die „afrikanische Blutseele"). Wenn also Wasser gleich Seele ist und ich

zu Beginn des Kapitels zwischen der einen Seele und der anderen Seele unterschieden habe, worin besteht dann der Unterschied zwischen dem einen und dem anderen Wasser? Gibt es da überhaupt einen Unterschied? Unabhängig und weit entfernt von den chemisch-physikalisch verschiedenen Wasserqualitäten wurde von jeher zwischen „die" Wasser und „das" Wasser unterschieden. (Übrigens: Die Kernphysik kennt ebenfalls den Unterschied zwischen starker und schwacher Kernkraft.)
Die Wasser ist Göttin Tiamat. „Die Wasser sind ein anderer Name für die große Tiefe, die ursprünglichen Wasser des Raumes oder Chaos" (Blavatsky). Aus der großen Tiefe, der See(le) stammt jenes eingeborene, urweltliche Geschlecht, welches in der Genesis als „Nachkommen der Schlange" bezeichnet wird. Auch die heutigen Wissenschaften sind sich einig, daß sich das Leben aus dem Wasser entwickelt hat. Die Vorstufe zum Säuger bilden Amphibien.[1]
Zu Wasser und zu Erde lebend, Luft durch Lungen atmend, sind sie lebendige Zeugnisse des Übergangs. Wie damals so heute, wie oben so unten, wie innen so außen. Im weiblichen Urwasser, dem Fruchtwasser des mütterlichen Uterus, schwimmt im Verborgenen der Fötus, ehe er das Licht der Welt erblickt. Ehe er einen ersten Schrei tut, muß er einen tiefen Luftzug nehmen. Aus dem (angeblich leeren, in Wahrheit mit Tiamat gefüllten) Raum, dem fruchtbaren Chaos oder der Ursuppe entspringen im Laufe eines kreativen Prozesses alle wirklich schöpferischen Ideen, welche erst danach durch Wort und Tat konkrete Gestalt annehmen. Laut Genesis, die (wohlgemerkt) das wirkliche und wahre alte Testament unserer Vorfahren ist, bewegt sich bei der Geburt der Erde der Geist Göttin Lucias „über der Wassertiefe hin und her". Da ist auch von „der Ausdehnung" der Wasser die Rede. Das kann wohl nur heißen, daß sich Lucia- und Tiamat-Energie vereinigte, verdichtete und nach Erreichung der höch-

---

[1] Amphibie = „ein Tier, das im Wasser und auf dem Land leben kann"

sten Konzentration sich strahlenförmig auszudehnen begann. Ein Prozeß, der sich in jedem Atom, in jeder Zelle und bei jeder Geburt wiederholt. Ein Physiker würde diesen Verdichtungs- und nachfolgenden Ausdehnungsvorgang, bezogen auf das Atom, populärwissenschaftlich ebenso ausdrücken. Bei der Beschreibung der Zellteilung würde ein Biologe den vorhergehenden Vorgang der Energiekonzentration mit denselben Worten beschreiben.

Zwei Arten von Wasser, zwei Arten von Seelen — und das von Anbeginn an. Es gab ein friedliches Goldenes Zeitalter. Wie das? Antwort: „. . . und es trete eine Scheidung ein zwischen den Wassern und den Wassern." Oder noch deutlicher: „Es werde ein Firmament inmitten der Wasser und scheide zwischen Wasser und Wasser." Die in der Genesis erwähnte Wasserscheide ist eine Seelenscheide.

Die Fähigkeit der ersten Menschen dieser unserer Wurzelrasse, zwischen Gut und Böse zu unterscheiden, die Fähigkeit zur Erkenntnis von Gut und Böse und die daraus folgenden Handlungskonsequenzen erzeugten das schützende Firmament.[1]

Firmament ist einer der vielen Namen für den äußersten Rand der Erde, welcher aus einem energetischen Schutzgürtel besteht, der die Erde umhüllt und nach dem Weltraum hin abschirmt, in dem es von Dämonen aller Größenordnungen wimmelt.

Und wieder drücken die Bezeichnungen der Alten am besten aus, woraus diese die Erde umgebende Schutzhülle besteht bzw. von wem und woraus die Bewußtseinsenergie herrührt. Ouroborus: „Die weltumgürtende Schlange." Oceanus: „Himmlischer Ozean." Neosphäre (von neos „Geist"): „Sitz der reinen Geister."

Van Allen-Gürtel: Daß nichts von ungefähr passiert, son-

---

[1] Firmament von lat. firmus = „fest, stark, dauerhaft" und ment von lat. mens = „Intelligenz" ist jenes Himmelsgewölbe, das aus der all-einigen Bewußtseinsenergie aller gutwilligen, lebenliebenden Wesen besteht.

dern alles Zu-Fall ist, beweist die Tatsache, daß jener Herr, der in der Neuzeit die Himmelsschalen wiederentdeckt und wissenschaftlich untersucht hat (ein Mann, der gewiß kein Mystiker war, sondern ein kühl berechnender Rationalist), VAN ALLEN hieß. Nach ihm hat der Bewußtseinsgürtel noch einen zusätzlichen, durchaus treffenden Namen: Van-Allen-Gürtel. Der Schutzgürtel ist VON ALLEN reinen Geistern diesseits und jenseits der Hemisphären. Von diesem wurde die Erde sorgsam und weich eingehüllt, um sie und ihre Lebewesen, die aus der Tiefe der Wasser kamen, vor der harten Strahlung dämonischer Wesen zu schützen.

Die Friedfertigkeit des Goldenen Zeitalters ist nur damit zu erklären, daß sich die reine Bewußtseinsenergie der Irdischen mit der der Himmlischen einigte. Im Weltenfrühling wußten die Menschen noch zu säumen.
Um meine Aussagen zu bekräftigen, brauche ich mich nicht allein auf die (ohnehin nur fragmentarischen) entsprechenden Hinweise in der Bibel zu verlassen. Jede Einheit/Ganzheit besitzt diese schützende Ausstrahlung. Das Atom wird von den kreisenden Elektronen umhüllt. Zelle, Ei, Samen, Menschen . . ., deren Kern dicht und ganz ist, haben einen Strahlenkranz um sich — Korona oder Heiligenschein genannt.
Auf die immens wichtige Bedeutung dieses selbststrahlenden Schutzgürtels weisen Sitten und Bräuche hin, die weitergepflegt werden, obwohl niemand mehr weiß, welch tiefer Sinn damit verbunden ist.
Der schwarze Gürtel, den ein „Meister" einiger fernöstlicher (zum Kampf-„Sport" degenerierter) Wettspiele trägt, ist ein Symbol für den die Erde und alle meisterlichen Wesen umgebenden Strahlengürtel, der im Sinne von allergrößter unsichtbarer Energiedichte und unmeßbarer Frequenz SCHWARZ ist.
Bekanntlich hat Herkules, der erste namhafte patriarchale Held, der Amazonenkönigin Omphales den (schwarzen) Gürtel gestohlen. Nur so konnte sie besiegt und in weite-

rer Folge die amazonischen Frauenreiche am Übergang vom Matriarchat zum Patriarchat geschlagen werden.
Um den Kreis zu schließen und meine eingangs aufgestellte Behauptung abzurunden und zu festigen: Der Schutzgürtel oder Strahlenkranz, bestehend aus den geeinigten Energien der vier Urgöttinnen, scheidet Gutes vom Bösen. Alles in allem und auf einen Nenner gebracht: Es ging von Anfang an um die Unterscheidung zwischen den Lebenden und den Toten. Von Anbeginn an riet die Schlange, Kenntnis zu nehmen von Gut und Böse und zu wählen, mit welcher Macht man sich verbünden will, was man hegen und pflegen und was man an sich selbst zugrunde gehen lassen muß.

Die Lebendigen und die Toten

Auf der Suche nach weiteren Beweisen dafür, daß es von Anbeginn an zwei verschiedene Seelenarten (Rassen, Nationen, Geschlechter) gab, durchstöberte ich die Bibel. Zum Stichwort „Seele" las ich in der Neue-Welt-Übersetzung folgenden Kommentar, der mich sofort stutzig machte: „In den Hebräischen Schriften ist es gelungen, das hebräische Wort nephesch einheitlich mit ‚Seele' wiederzugeben . . . nämlich, daß es (1) eine Person, ein einzelner Mensch oder ein Tier ist, oder (2) das Leben als solches, dessen sich eine Person oder ein Tier erfreut. Dieser Gedanke ist völlig verschieden von den heidnischen Vorstellungen dessen, was die alten Ägypter, Babylonier, Griechen und Römer eine ‚Seele' nannten."
Ein paar Seiten weiter steht noch einmal: „Das griechische Wort psyche (hebräisch nephesch) haben wir in unserer Übersetzung konsequent mit ‚Seele' wiedergegeben." Frage: Wozu der umständliche Kommentar, wenn es von vornherein nur EIN Wort, bzw. EINE Art von Seele gegeben haben soll? Antwort: Um den Unterschied zwischen der heidnischen und der jahwinistischen Seele zu vertuschen. Wozu vertuschen? Weil es den nephesch-Seelen der jahwinistischen Redakteure heidnischer Urtexte zum Vorteil gereichte.

Mein Kommentar:
1. Der Satz „in den Hebräischen Schriften ist es gelungen, das hebräische Wort ‚nephesch' einheitlich mit ‚Seele' wiederzugeben" ist ein Nonsens. Da nephesch nur eine Bedeutung hat, nämlich „sterbliche Körperseele", kann man dessen Inhalt nur einheitlich wiedergeben. Den Übersetzern der Urtexte ist es damit gelungen, den Begriff neschama „unsterbliche Geistseele" zu unterschlagen und gleichzeitig das Wort „nephesch" und damit den Inhalt und den Wert der „sterblichen Körperseele" unbotmäßig aufzuwerten.
2. Weiterhin ist es ihnen durch die Vereinheitlichung der beiden Seelenbegriffe gelungen, die Tatsache zu verschleiern, daß es zweierlei Qualitäten von Seele gibt. Aus den Augen, aus dem Sinn! Wo kein Wort, da kein Wert! Da aber in den Urtexten sehr wohl von zweierlei Seelen die Rede ist (wozu sonst zwei Begriffe und wozu die „gelungene" Manipulation?) und weil schließlich nicht alle im Urtext vorkommenden Unterschiede zwischen Geistseele und Körperseele korrigiert werden konnten, hat man den zuvor vereinheitlichten Seelebegriff wieder in (1) und (2) unterteilt. Heraus kommt, zwar äußerst verschleiert, aber sinngemäß richtig, wieder dasselbe. (1) „Eine Person, ein einzelner Mensch oder ein Tier" sind elementare Einheiten/Ganzheiten mit unsterblichen Geistseelen. (2) „Das Leben als solches, dessen sich eine Person oder ein Tier erfreut": Nephesch-Seelen haben zwar TEIL AM LEBEN ALS SOLCHES, ihr Leib lebt, ihr Verstand funktioniert, sie haben eine Körper- und Verstandesseele, doch es fehlt ihnen die Ur-Innerung der tiefen Wasser und damit die Urkenntnis von Gut und Böse.
Das Motiv für diese spitzfindige Manipulation liegt klar auf der Hand: In diesem Fall sind es die Urtextredakteure, TEIL-Wesen mit einer sterblichen Körperseele, die sich durch diese Verfälschung zur eigentlichen Art erklären und mit allen Mitteln versuchen, ganze Wesen mit einer kompletten Geistseele zu verleugnen, sie da, wo das nicht

geht, zu unterdrücken und sich über sie zu erheben. Verwirrung stiften ist allemal ein wirksames Mittel zur Macht. Die Bibel — vor allem die Genesis — besteht zum Großteil aus heidnischen, mündlich und symbolisch überlieferten heiligen Botschaften (dem Testament der Großen Mütter), welche die von Jahwe inspirierten irdischen Geister, die sogenannten Jahwinisten, im Sinne der zu installierenden Jahwereligion redigiert haben[1]. Vor dem Hintergrund dieser Tatsache kann man aus den Textstellen, in denen „Seele" vorkommt, trotz der umständlichen Manipulationen noch immer die eigentliche Botschaft herauslesen. Sie lautet:
Unterscheidet zwischen lebendigen und toten Seelen! Erst mit dem Eingriff Jahwes ins irdische Geschehen und mit dem daraus resultierenden Erscheinen seines „auserwählten Volkes" wurde die Nephesch-Seele ins Leben gerufen. In der Genesis — NUR in der Genesis, und zwar VOR dem Sündenfall — hat das Wort Seele die Beifügung „lebend". Ein Beispiel soll hier für viele andere stehen, die ich mir erspare zu zitieren: „Die Wasser sollen ein Gewimmel lebender Seelen hervorwimmeln."
Ab dem Sündenfall — nachdem Jahwe seinen „Sproß pflanzte", fehlt im weiteren Bibeltext die Beifügung „lebend". Ab Jakob, dem Stammvater des auserwählten Volkes Jahwes, wird ein Mensch, der teilhat „am Leben als solchem" nur mehr als Seele bezeichnet. Beispiel: „. . . gebar sie dem Jakob . . . sechzehn Seelen." Daß eine Seele verletzlich ist, daß sie verunreinigt, zerrissen, verzehrt, ja getötet werden kann und daß eine lebende Seele mit einer toten Seele keine Berührung haben darf, geht ebenfalls aus hunderten Beispielen, die die Bibel anführt, hervor: „. . . sie locken unbefestigte Seelen"; „. . . da er sich wegen einer toten Seele verunreinigt hat"; „. . . damit niemand meine Seele zerreiße"; „. . . sie trachten mir nach der Seele"; „Laßt uns seine Seele nicht totschlagen".

---

[1] redigieren von lat. redigere = „zurücktreiben, herunterbringen, beschränken"!

Folgendes Zitat entlarvt die Motive und Absichten der Jahwe-Religion und des daraus entstandenen Christentums. Man setzte alles daran, „. . . um die Seelen, die nicht sterben sollten, zu Tode zu bringen und um die Seelen, die nicht leben sollten, am Leben zu erhalten."
Die ganz alten Märchen, Mythen und Sagen – in gewisser Weise ebenfalls Testamente der Großen Mütter – berichten ebenfalls von der Gefahr, die Seele zu verletzen, zu verkaufen, zu verraten oder zu verlieren. Seelenschutz und Seelenrettung ist das zentrale Thema der meisten wirklich alten Mythen und Volkssagen. Zu allen Zeiten und allerorts hat es der Böse auf die Seelen seiner Opfer abgesehen. „Seelenfang" war von Anfang an das Motiv der patriarchalen Religionen. In den Besitz der Seelen zu kommen, ist auch das Motiv ihrer neuzeitlichen Auswüchse: Sekten und esoterische Schulen.
Immerhin: Die Kernkraft atomarer, zellularer und menschlicher Seelen, welche jede andere Kraft ums Millionenfache übersteigt, ist die begehrteste aller Energien.

SOS Save our souls

„Und wer irgend im Buche des Lebens nicht eingeschrieben gefunden wurde, wurde in den Feuersee geschleudert."

Nichts ist Zufall, alles ist gesetzmäßiger Zu-Fall! Wer immer es war — vielleicht ein gewisser Morse? —, dem der international gültige Hilferuf in Form der Buchstabenreihung SOS zugefallen ist und der diese mit dem Satz „SAVE OUR SOULS" unterlegt hat — ich bin überzeugt, er hat ihn ge-funden. (Nichts gibt es, was nicht schon vorher da war.) Vielleicht wurde er inspiriert. Vielleicht hatte er einen Einfall oder eine plötzliche Eingebung — wie auch immer: Nomen est omen.
Als ich zufällig auf das allgemein bekannte SOS-Zeichen und den mir bisher unbekannten dazugehörigen Satz „Rettet unsere Seelen" stieß, durchzuckte mich ein heiliger Schrecken. Rettet — nein, save heißt schützen und bewahren — also schützt und bewahrt unsere Seelen! Dieser Satz rüttelte mich durch und durch. Nicht, daß ich in Seenot wäre, beileibe (bei Leibe!) nicht, aber ich bin in See(len)-Not und rund um mich, so weit meine Wahrnehmung reicht, sehe ich dasselbe: fühlende und leidende Menschen in Seelen-Not. Verzweifelte Menschen, denen „das Wasser bis zum Hals steht" und die ein einziger personifizierter SOS-Notruf sind.
Von diesem schlichten Satz tief innen berührt, löste sich ein inbrünstig, schluchzend und flehend hervorgestoßener Notruf, der im Würgegriff von Sachlichkeit kaum mehr zu atmen vermochte: Schützt, bewahrt — bitte! Rettet unsere Seelen! Wir, die wahren Lebe-Wesen der Erde, befinden uns in allerhöchster Seelennot — wir wollen, wir wünschen zu leben!
Dieser Satz zündete einen Funken, der sich für Sekunden zu einem Leuchtfeuer ausweitete, mich in einen, bis dahin im Dunkeln liegenden Raum blicken und das darin

befindliche zusammenhängende Große und Ganze schlaglichtartig erkennen ließ. Und was sah ich in dem Raum? In jenem angeblich leeren Raum, der in Wahrheit ALLES ist? Ich sah Menschen, deren Arche[1] in Brüche gegangen war.
Menschen, die, sich hilflos und orientierungslos nur mehr mühsam über Wasser haltend, in höchster Seelen-Not nach Heilung verlangen. SOS – bewahrt, schützt, rettet unsere Seelen!!! Der verzweifelte SOS-Ruf wird funktelegraphisch[2] ohne Funkgerät und ohne lautmalende Sprache übermittelt. Er steigt aus tiefen Seelengründen als inniger, inbrünstiger Wunsch, einigt sich mit gleichlautenden Wünschen und bündelt sich zu einem machtvollen Energiestrom, der, sich spiralig ausweitend, in fernste Fernen dringt. SOS; . . . — — — . . .; kurz, kurz, kurz, lang, lang, lang, kurz, kurz, kurz! Die Rufer müssen weit sein. Die Funken müssen aus einem weiten, reinen Herzen kommen, sollen sie ihr Ziel erreichen: reine Geister. Selbstverständlich erfolgt der Funk drahtlos. Kein konkreter Draht existiert als Leitung. Die Herzleitung, der eigene innere Draht, der uns mit unseren Großen Müttern verbindet, läuft heiß. Zweipolig läßt er den heißen Lebens-Wunsch als Impuls überspringen und empfängt per Funk die lebensrettenden Impulse und Informationen.[3]
Um himmelswillen helft, solange wir noch fühlen und spüren können. In meinem Bild wissen die zu Bruch

---

1 Arche: von griech. archaios = „ursprünglich, uralt, ursprüngliche Macht" geht auf die ägypt. Wurzel arqu = „Kreis, Bogen" zurück und heißt dort im übertragenen Sinne „die Weisheit oder das weibliche Zeugungsvermögen in Gestalt eines Gefäßes, in dem sich alle Möglichkeitskeime befinden". Aus derselben Wurzel stammt Arcanum (von arc = „Kreis" und An = „Himmel") — „das Abgeschlossene, dann das Geheimnisvolle", also der abgeschlossene geheimnisvolle „Himmelskreis oder Himmelsbogen". Siehe auch die großen und kleinen Arkana im Tarot.

2 griech. tele = „weit, fern"; graphein = „ritzen, schreiben, eingravieren"

3 Zur Erinnerung: Die heute benutzte und allseits bekannte nachrichtentheoretische Funktechnik ist ein Konstrukt, das der telephatischen nachgebildet wurde. Tele = „weit, fern"; pathie = „mitfühlen, mitleiden"

Gegangenen ganz klar, daß ihr Schiffs-Leib vielleicht nicht zu retten ist. Um den geht es ihnen auch gar nicht. Der ist vergänglich, den verlieren oder verlassen sie ohnehin einmal. Es geht ihnen um ihr Selbst; es geht ihnen um ihren Seele-Geistkern — das Kostbarste, was sie besitzen. Klar, daß der SOS-Ruf notwendigerweise im Plural erfolgen muß: Es gibt keine Einzelrettung. Und: Kein einzelnes Wesen hat die Kraft zu retten. Zu retten ist allein das universelle Bündnis der Lebendigen imstande. Man sagt: „Wir sitzen alle im selben Boot." Nein! Die einen (und zu denen gehöre ich) sitzen in einer Arche. Alle Wesen im Erdenkreis, die eine Einheit/Ganzheit sind — wir, die wir eine unsterbliche Geistseele unser Eigen nennen —, haben eine Arche als Gefährt. Unsere Seelen SIND Archen. Die anderen, die in sich Gespaltenen und Zerrissenen, sitzen im selben Boot.[1] Ihre Seelen SIND Boote. Zwischen den gegenständlichen Wasserfahrzeugen Arche, Boot und Schiff mag kein großer Unterschied bestehen. Was jedoch die ursprüngliche, auf Seelenerfahrung bezogene Bedeutung betrifft, so besteht zwischen Arche und Boot/Schiff im wahrsten Sinn des Wortes ein WESENtlicher Unterschied. Ist die Arche das Symbol für die alte ursprüngliche mütterliche Macht der Geist-Seele-Wesen, so sind Boot und Schiff Symbole für die Macht der gespaltenen Körperseelen. Werden die Insassen der Arche von den „Archetypen" (den Großen Müttern) geführt, so werden diejenigen, die im selben Boot sitzen, von den dämonischen Grauen Eminenzen des Pandämoniums ver-führt.

In meinem Bild sah ich die Arche schwanken. Sie trudelte und taumelte. Auch die Arche hat einen Riß. Unsere alte Macht ist gebrochen. Die Risse in unseren Seelen haben uns brüchig gemacht. Wir sind angeschlagen. Wir sind anfällig, wir sind angesteckt worden und ebenfalls in Gefahr unterzugehen. In meinem Bild sah ich auch unse-

---

1 Boot zu idg. bheid = „hauen, spalten"; Schiff von idg (s)kei = „spalten, trennen"

ren Heimatplaneten Erde durch die Urwasser des Alls segeln und schwimmen. Auch Mutter Erde ist durch den Riß in unseren Seelen und durch den Zusammenbruch unserer alten Macht rissig und brüchig geworden. Sie wankt und schwankt. Ich weiß, unsere Erde ist nur zu retten, wenn es gelingt, unsere eigenen alten Seelen zu schützen und zu bewahren, denn die ehrlichen, wahren Mütter dieser Erde, verbunden mit ihren Großen Müttern im Ätherreich und die größte aller Mütter — Mutter Erde — sind eins.

Die Schiffbrüchigen der Arche wissen, zumindest ahnen sie, daß es eine Lüge ist, von der allgemeinen (automatisch funktionierenden) Unsterblichkeit der Seele und von der „ewigen Gültigkeit der Seele" zu sprechen. Falscher Trost! Einschläferungstaktik! Betrug! Nichts ist gegenwärtig so sehr gefährdet wie unsere Seelen. Nichts ist so vorrangig wichtig, wie unser Seelenheil zu bewahren. O ja, jede Seele hätte — obwohl noch unfertig, fehlerhaft und unkomplett — die Anlage zum ewigen Leben, vorausgesetzt, sie erfüllt ihre Aufgabe, ihre Schäden zu korrigieren, sich weiter zu entwickeln und letztendlich zu vollenden. Insofern hätte jede Seele die Chance zum ewigen Leben.[1]

Und dennoch, wer will es leugnen? — sie kann von Dämonen besetzt oder total in Besitz genommen, sie kann gespalten, gerissen und zertrümmert werden. Sie kann einen Punkt der Entfremdung und Verstümmelung erreichen, ab dem sie sich nicht mehr einigen kann und ab dem es keine Wiederkehr der ganzen Seele mehr gibt und damit nach dem Weltende auch kein Weiterleben in der jetzt bestehenden Qualität.

Es kommt einem Seelentod gleich, wenn die Seele in ihre Bestandteile zerlegt ist und sich nicht mehr einigen kann,

---

[1] Mit dem „ewigen Leben" der Seele ist nicht der persönliche Wechsel von Tod und Wiedergeburt während eines Weltzeitalters gemeint, sondern das Weiterleben nach jenem Erdentod, welcher „Jüngster Tag" genannt wird und gleichzeitig der älteste Tag ist, dem eine Wiedergeburt der Erde und damit eine neue Welt folgt.

keine Dichte und keine Kraft mehr besitzt und wenn ihre 100 Eigenschaften beim großen Crash, ab dem sie ins Recycling übergeht, in irgendwelche Wesenheiten einkehren. Nein — Energie an sich geht niemals verloren. Auch Seelenenergie nicht. Verlorengehen kann aber die Bindungskraft des Kerns und damit das, was wir einzigartige Persönlichkeit nennen.
Diese Aussage steht nicht in Widerspruch zu meinem Optimismussatz „Das Leben setzt sich durch", mit dem ich mich bislang über Wasser gehalten habe. Der Satz ist jedoch nur anwendbar auf das Leben „als solches". Leben pur, die Energie des Lebens wird sich immer durchsetzen. Mir persönlich stellt sich die bange Frage: Wenn es mir nicht gelänge, meine alte Seele als Ganze schützend zu bewahren, welche neuen Formen würden meine voneinander getrennten Seelenteile bilden? In welche Gestalt würden diese meine Seele-Geistfunken einkehren, wenn es mir nicht gelänge, wenigstens meinen Seelenkern als komplettes Ganzes intakt zu halten? An eine Weiterentwicklung von dem Entwicklungs-Stand ausgehend, in dem ich jetzt bin, an ein selbstbewußtes „Ich bin ich" wäre dann nicht zu denken. Mein Selbst gäbe es nicht mehr. Und dennoch: Die Teile kommen wieder und leben weiter. Manchen ist es vielleicht egal, als welche Wesenheit die Seelenpartikel den Neuanfang beginnen, bzw. in welcher Form sie weiterexistieren. Mir ist das nicht gleichgültig. Es wäre ein Rück-Fall auf eine niedere Entwicklungsstufe, vielleicht sogar ein Rück-Fall in die Willensunfreiheit tierischen oder gar pflanzlichen Lebens (und wieder wären meine Teile der Willkür zerstörungswütiger Wesen ausgeliefe). Dieser (Sünden-)„Fall" würde bedeuten, den langen Weg der Evolution wieder von vorne zu beginnen. Jene, die da meinen, soll er doch kommen, der Weltuntergang, gut, wenn der individuelle Tod mit dem kollektiven Tod zusammenfällt . . . dann ist wenigstens alles aus . . ., denen sei gesagt: Wir entkommen dem Leben nicht.

LEBEN LIEBEN — LIEBE LEBEN

Judith Jannberg
(Gerlinde Adia Schilcher)

ISBN 3-900 853-00-2
Pb. 240 Seiten, 5 Fotos
öS 196.—, DM 29.80, sfr 26.—

Judith Jannberg knüpft mit diesem Buch an ihren Bestseller „Ich bin ich" an. Schonungslos offen zieht sie Resümee ihrer Erfahrungen, Forschungen und Erkenntnisse zum Thema Liebe. Sie beleuchtet das Thema von der persönlichen, gesellschaftspolitischen und geschichtlichen Seite und räumt mit dem herkömmlichen Liebesmuster gründlich auf.

Lebendig, greif- und begreifbar schildert sie anhand konkreter, lebensnaher Beispiele die Verkehrung unserer Lebens- und Liebesmoral und gibt Auskunft über die Möglichkeiten des Ausstiegs.

RADIO-AKTIV

Judith Jannberg
(Gerlinde Adia Schilcher)

Tschernobyl: Lernergebnisse und Erkenntnisse — hilfreich für alle Krisensituationen.

Pb. 96 Seiten
öS 79.—, DM 11.50, sfr 10.—